KB275972

친절은 끝났다:
고객의 마음을 이끄는
대화법

친절은 끝났다:
고객의 마음을 이끄는
대화법

초판 1쇄 발행 2025년 12월 23일

지은이 김지수
펴낸곳 ㈜에스제이더블유인터내셔널
펴낸이 양홍걸 이시원

홈페이지 siwonbooks.com
블로그 · 인스타 · 페이스북 siwonbooks
주소 서울시 영등포구 영신로 166 시원스쿨
구입 문의 02)2014-8151
고객센터 02)6409-0878

ISBN 979-11-7550-551-3 03190

시원북스는 ㈜에스제이더블유인터내셔널의 단행본 브랜드입니다.

독자 여러분의 투고를 기다립니다.
책에 관한 아이디어나 투고를 보내주세요.
siwonbooks@siwonschool.com

친절은 끝났다: 고객의 마음을 이끄는 대화법

김지수 지음

시원북스

1장 고객 관계의 새로운 시작:
마음을 움직이는 설계자의 전략

4장 고객의 MBTI를 간파하고, 그들의 마음을 설계하라

5장 고객 심리를 이용한 마케팅 공략집

6장 화법의 힘: 고객의 무의식을 움직이는 설득의 기술

7장 AI 시대의 심리 주도: 당신은 신이 될 것인가, 기계의 부품이 될 것인가

8장 고객의 불만을 신뢰를 쌓는
강력한 기회로 전환하라

고객 관계의 새로운 시작:
마음을 움직이는 설계자의 전략

서비스를 무기로
사용하여 지배하라

아직도 CS 교육을 지루하고 고리타분한 의무로 여기는가. 회사에서 시켜서 억지로 앉아 있는 시간, 그저 착한 사람이 되는 법을 가르치는 위선적인 도덕 수업이라고 생각한다면 당신은 이 서비스 게임의 본질을 온전히 파악하지 못한 것이다. 서비스가 단순한 매출을 넘어 고객의 마음을 움직이고 관계를 주도하는 강력한 힘을 창조하는 순간을 경험해 본 적이 있는가? 만약 아직이라면 당신은 지금까지 고객을 응대하는 것에 그쳤을 뿐, 고객의 마음을 주도해 본 적이 없을지도 모른다. 우리는 모두 예측 가능한 심리적 반응을 보이는 존재들이다.

고객으로서 우리는 지극히 예측 가능하게 움직인다. 점원의 계산된 친절에 마음의 문을 열고, 예상치 못한 작은 배려에 긍정적인 감정을 느끼며, 내 취향을 기억해주는 서비스에 충성심을 더하기도 한다. 이것은 단순히 따뜻한 인간관계의 결과가 아니다. 인간의 본능적인 심리가 특정 자극에 예측 가능한 반응을 보이도록 설계되었다는 분명한 증거다. 만족감은 숭고한 감정이기보다, 당신이 올바른 심리적 버튼을 눌렀을 때 얻어지는 긍정적인 반응일 뿐이다. 그리고 이 만족감은 강력한 입소문 효과로 퍼져나간다. 마케팅팀이 수억 원을 쏟아부어도 얻기 힘든 단단한 신뢰 관계를 당신의 섬세하고 계산된 서비스 하나가 단번에 형성하고 확산시키는 것이다. "거기 서비스 진짜 괜찮더라." 이 한마디는 단순한 칭찬을 넘어 당신의 심리 설계가 성공했음을 알리는 강력한 고객 피드백이다.

서비스는 매출을 넘어선 관계 자산을 만든다

계약은 한 번의 거래로 끝나지만 서비스는 지속적인 심리적 유대감을 형성한다. 고객은 제품의 기능보다 서비스가 주는 안정감이라는 강력한 경험에 매력을 느낀다. 나는 한때 고객의 빈집에 들어가 A/S를 한 적이 있다. 문제를 신속하고 정확하게 해결하는 것은 당연한 의무다. 그것만으로는 특별한 결과를 얻을 수 없다. 중요한 것은 그 이후의 섬세한 접근이었다. 며칠 뒤 나는 고객에게 해피콜(후속 전화)을 진행했다. "제품 잘 사용하고 계신가요? 혹시 불편한 건 없으세요?" 이것은 단순히 친절한 확인 전화가 아니다.

이는 거래 관계를 인간적인 관계로 발전시켜, 고객의 마음속에 긍정적인 정서적 유대감을 생성하는 정교한 심리적 전략이다. 고객은 나의 예상치 못한 배려에 긍정적인 반응을 보였고, 고객만족도조사(CSI)에서도 칭찬을 통해 감사함을 표현했다. 그 덕분에 만족도조사 서비스지수에 대한 좋은 평가를 받을 수 있었다. 그날 나는 깨달았다. 서비스는 단순한 매출을 넘어서 장기적인 관계 자산을 만들며, 고객을 당신에게 지속적인 신뢰를 보내는 충성도 높은 파트너로 만드는 강력한 기술이라는 것을 말이다.

기본이라는 이름 뒤에 숨겨진 전략적 본질

나는 앞선 A/S와 해피콜 사례를 통해 고객 서비스의 명확한 통찰을 얻었다. 당시 나는 회사에서 교육받은 기본 고객 응대 표준 프로세스를 충실히 이행했다. 문제 발생 시 고객 불편을 최소화하기 위한 회사의 매뉴얼에 따라 신속하고 정확하게 제품 문제를 해결했고, 의무 사항은 아니었지만 혹여라도 고객에게 발생할 수 있는 불편함에 선제적으로 대응하고자 섬세한 배려로 해피콜을 진행했다.

하지만 이후 고객의 예상치 못한 긍정적인 반응과 감사 표현은 나에게 중요한 깨달음을 주었다. 나는 단순히 기본이라고 여겼던 나의 행동, 즉 신속한 문제 해결, 의무 이상의 섬세한 후속 관리, 그리고 꾸준한 확인이라는 노력이 고객에게는 예상치 못한 특별한 경험으로 다가갔다는 것을 그때 비로소 알게 되었다.

이것이야말로 기본이라는 이름 뒤에 숨겨진 진정한 전략적 본질이었다. 형식적인 프로세스 준수에 머무는 것이 아니라, 그 기본을 뛰어넘는 책임감과 전략적 의도가 고객의 마음에 강력한 관계 자산을 구축하는 핵심 열쇠였던 것이다. 신속한 대응, 섬세한 배려, 꾸준한 확인은 그저 매뉴얼상의 기본이 아니다. 이는 인간의 가장 원초적인 심리를 이해하고 활용하여 고객의 신뢰와 충성도를 얻어내는 가장 강력하고 예리한 핵심 무기인 것이다.

서비스는 능동적으로
설계하는 것이다

　나는 서비스를 맹목적으로 믿지 않는다. 서비스라는 이름 뒤에 숨겨진 심리적 설계 기술의 강력한 힘을 믿는다. 내가 직접 그 기술을 사용했고, 이에 대해 고객이 긍정적으로 반응했으며 그 결과로 실질적인 성과와 인정을 얻었기 때문이다. 이 책은 당신에게 피상적인 친절을 가르치지 않는다. 당신에게 고객의 기대를 뛰어넘고, 그의 저항을 새로운 기회로 삼으며 그의 불만을 깊은 신뢰로 바꾸는 심리 설계의 기술을 가르칠 것이다. 모든 기술의 시작점은 하나다.

　이제 당신 차례다. 서비스를 당신의 가장 강력한 무기로 활용하라. 서비스를 통해 고객의 마음을 사로잡아라. 그 마음을 통해 더 큰 비즈니스를 주도해라. 그리고 이를 통해 당신의 진정한 가치를 증명하라. 고객 심리를 이해하고 활용하는 순간 당신은 더 이상 그저 친절한 직원이 아니다. 당신은 대화로 현실을 창조하고 감정으로 상대를 움직이는 최고의 전문가가 될 것이다.

고객의 마음은
당신이 설계할 전장이다

사람들은 누구나 자신만의 프레임, 즉 세상을 인식하는 고유한 시야를 통해 현실을 바라본다. 심리학자들은 이것을 프레임이라고 부르지만, 진정한 설계자는 이 프레임을 단순히 받아들이지 않는다. 그것은 상대방의 인식을 이끌고 구축하기 위해 치밀하게 계획하고 실행하는 전략적인 작업이다.

고객의 관점을 이해하는 첫 걸음: 숨겨진 프레임을 해독하라

고객의 프레임을 이해하는 것은 단순히 그들의 말을 듣는 것을 넘어선다. 그것은 그들이 세상을 바라보는 고유한 안경의 색깔을 파악하는 것이 그 안경이 형성된 배경을 읽어내는 작업이다. 예를 들어보자.

엔지니어는 고객의 집을 서비스를 제공하는 작업 현장이라는 프레임으로 본다. 엔지니어의 관심은 오직 문제 해결에만 집중된다. 하지만 고객은 집을 내가 지켜야 하는 신성하고 사적인 공간이라는 프레임으로 바라본다. 제품 수리를 넘어 침범당하는 사생활로 불안감에 가득 차 있다. 이 두 가지 다른 프레임의 충돌이 바로 모든 갈등의 시작이다.

아마추어는 이 충돌 앞에서 당황하며 자신의 프레임(기술적 해결)만 주장한다. 그러나 프로는 먼저 고객의 프레임 안으로 전략적으로 진입한다. "고객님 시간 내주셔서 감사합니다. 최대한 조심해서 작업하겠습니다." 이것은 단순한 공감이 아니다. 이것은 상대의 프레임을 인정하면서 그의 모든 경계심을 풀게 한 뒤, "이제부터는 저라는 전문가의 프레임에 따라 모든 것을 해결하겠습니다."라는 주도권을 확보하기 위한 전략적인 진입이다. 고객의 말 뒤에 숨겨진 감정적 욕구, 기대치, 가치 판단을 정확히 해독하는 것이 설계자의 첫 번째 임무다.

프레임 전환의 기술: 주도권을 장악하는 대화의 지점

고객이 "왜 이렇게 늦어요?"라며 불만을 표할 때 당신의 뇌는 '차가 막혔다'는 변명을 떠올린다. 그것은 당신의 프레임이다. 하지만 당신은 즉시 그 프레임을 전환하고, "늦어서 얼마나 불안하고 불편하셨습니까. 다음부터는 이런일이 발생하지 않도록 주의하겠습니다."라고 말해야 한다.

이것은 단순한 사과가 아니다. 이것은 상대의 감정적 프레임(나는 피해자라는 것)을 인정하는 대가로 문제 해결의 모든 주도권을 당신의 것으로 가져오는 확실한 전략이다. 고객의 프레임을 이해한다는 것은 그들의 약점이나 아픔을 파고들려는 것이 아니라, 그들이 중요하게 생각하는 가치와 두려워하는 지점을 정확히 파악하는 것이다. 이러한 이해를 바탕으로 당신은 대화의 주도권을 잡고 고객이 원하는 궁극적인 가치, 즉 안정과 해결이라는 새로운 프레임으로 이끌 수 있다.

고객의 시야를
당신이 주도하라

고객의 관점을 이해하는 것은 단순히 그들의 세상을 바라보는 것을 넘어선다. 그것은 그들의 현실을 당신의 관점으로 재편하기 위한 첫 단계이자, 궁극적으로 고객의 선택을 당신이 원하는 방향으로 이끌기 위한 핵심 기술이다. 고객의 인지적 필터를 당신이 의도한 방향으로 조율하기 위해서는 먼저 그 필터의 현재 상태를 정확히 파악해야 한다.

당신은 고객의 마음에 맞는 안경을 씌워주는 것에 만족해서는 안 된다. 그 안경 너머에 보이는 세상을 당신이 원하는 방향으로 해석해줄 단 하나의 안경을 만들어, 그들의 눈에 영원히 각인시켜야 한다. 이것이 바로 서비스의 핵심이자, 모든 대화의 궁극적인 목표다. 문제를 효과적으로 해결하고 강력한 관계를 형성하기 위해, 서로 다른 관점을 이해하고 그에 따라 전략적으로 대응하는 능력을 키워라. 고객의 관점을 이해하는 당신은 이제 현실 설계자다.

서비스 성공의 3가지 핵심 전략: 고객의 마음을 움직이는 기술

서비스는 단순히 주어진 일을 처리하는 과정을 넘어선다. 그것은 고객의 기대와 인식, 감정에 깊이 영향을 미치는 치밀한 심리적 과정이다. 이 성공과 실패를 가르는 기준은 뛰어난 기술이나 상세한 메뉴얼에만 있지 않다. 그것은 고객의 심리적 동기를 정확히 파악하여 그의 마음을 당신의 의도대로 이끌어갈 수 있는 네 가지 핵심 전략에 달려 있다. 고객은 완벽함을 기대하지 않는다. 심지어 자신이 어떻게 영향을 받고 있는지조차 쉽게 인식하지 못한다.

1년 전 시장 상인 개선 CS 장기 프로젝트의 강의를 맡았다. CS 강의를 위해 30여 명의 시장 상인들 앞에 섰을 때였다. 한 상인분이 목차만 보고는 불만을 표하며 자리를 박차고 나갔다. 주변 상인들과 관리자들도 당황했다. 나 역시 순간 당혹감을 감출 수 없었지만, 포기하지 않았다. 강의를 마치고 곧바로 그분을 찾아갔다. "대표님, 고객 서비스가 별거 아니라고 생각하실 수 있습니다. 하지만 저 한 번만 믿고 다음 시간부터 꼭 참석 부탁드립니다. 남들과 같은 고객 서비스로는 이제 생존하기 어렵습니다. 변화하는 시장에서 어떻게 살아남을 수 있는지 제가 핵심을 짚어드리겠습니다." 나의 이 과감한 제안에 상인분은 자리를 박차고 나갔던 것에 대한 미안함을 표했다. 다음 강의부터는 모든 과정을 성실히 이수해 주었다. 강의 이수 후 그는 "고객 서비스는 결코 사소한 것이 아니었다. 덕분에 서비스에 대한 시야가 완전히 넓어졌다"라며 CS강의에 대한 칭찬을 아끼지 않았다.

이 경험을 통해 고객의 심리라는 것이 변화 가능하다는 걸 말해준다. 당신의 전략에 따라 충분히 변화될 수 있다. CS는 뻔한 친절이 아니다. 그것은 상대의 마음속 깊은 곳까지 이해하여 관계를 형성하는 정교한 심리적 접근이다.

관계 형성의
심리적 접근법 전략 3가지

1) 제1전략: 맞춤형 경험을 설계하여 고객을 당신의 세계로 유도하라.

기본적인 서비스는 더 이상 고객에게 아무런 힘을 발휘하지 못한다. "어서 오십시오" 같은 인사는 이제 너무나 당연한 것이다. 그래서 누구도 특별하게 인식하지 않는다. 현대의 고객은 늘 마음속으로 묻는다. "당신만이 나를 위해 무엇을 해줄 수 있는가?" 이 질문은 당신에게 그만을 위한 완벽한 경험을 설계할 기회를 제공한다. 맞춤형 서비스는 단순히 고객을 특별하게 대우하는 것을 넘어선다. 그것은 고객의 개인 정보와 과거 행동 데이터를 활용한다. 그가 거부할 수 없는 맞춤형 만족을 제공하는 치밀한 과정이다. 애플이 당신의 설정을 1:1로 도와주는 것은 단순한 친절이 아니다. 그것은 당신을 애플의 생태계라는 몰입도 높은 경험 속에 포함시킨다. 다른 시스템에서는 결코 만족할 수 없도록 만드는 강력한 유대감 형성 전략이다. 그 순간 고객은 '나만을 위한 경험이야'라고 느낀다. 그리고 스스로 벗어나기 어려운 강력한 의존성 안으로 이끌려 들어가게 된다.

2) 제2전략: 피드백을 완벽한 정보 무기로 활용하여 전략을 다듬어라.

피드백은 결코 두려워할 대상이 아니다. 당신의 서비스와 전략을 완벽하게 다듬어 줄 가장 값진 실시간 정보다. 칭찬은 당신을 안주하게 만드는 안일함이 될 수 있다. 고객의 불만은 당신의 약점을 정확히 알려주는 가장 유능한 정보원이다.

- **긍정 피드백:** 성공 전략을 시스템화하여 확장하라. 이것은 당신의 심리적 접근 중 어떤 것이 성공했는지를 알려주는 유효성 보고서와 같다. 성공적인 접근 방식은 즉시 체계화하고 시스템화해야 한다. 그 후 다른 모든 고객에게 일관되게 적용해야 한다. 이는 당신의 서비스에 대한 신뢰도를 높이고 예측 가능한 만족감을 제공하는 강력한 기반이 된다.

- **부정 피드백:** 약점을 보완하고 브랜드 가치를 높이는 정보 자산으로 삼아라. 이것은 당신의 서비스 전략이 막힌 지점, 즉 개선이 필요한 부분을 정확히 알려주는 귀중한 정보 자산이다. 예를 들어 스타벅스는 고객의 불만이라는 정보를 끊임없이 수집하고 분석했다. 그들은 이를 통해 전 세계 어디서든 똑같은 맛과 경험을 제공하는 강력한 브랜드 이미지를 구축했다. 스타벅스는 단순히 커피를 판매하는 것을 넘어 예측 가능성이라는 강력한 심리적 안정감을 고객에게 제공하며 시장을 선도하고 있다.

3) 제3전략: 장기 고객이라는 귀한 자산을 확보하여 비즈니스를 굳건히 하라.

신규 고객 유치 비용이 기존 고객 유지 비용보다 평균 5배 높다는 통계가 있다. 이는 새로운 시장을 개척하는 것보다 이미 관계를 맺은 고객을 관리하는 것이 훨씬 더 효율적임을 의미한다. 장기 고객은 단순히 당신의 비즈니스를 이용하는 파트너가 아니다. 그들은 당신의 비즈니스에 안정적인 수익을 제공하고, 새로운 고객을 유치하며, 당신의 새로운 서비스나 정책을 기꺼이 테스트해주는 가장 가치 있는 자산이다. 코스트코는 단순한 대형마트가 아니다. 그들은 회원제라는 강력한 장치를 통해 고객을 일종의 커뮤니티로 초대한다. 연회비를 내고 들어온 고객은 코스트코의 엄선된 제품과 독점적인 혜택을 누릴 수 있다. 이러한 투자와 경험은 그들을 단순한 소비자가 아닌 충성스러운 구성원으로 만든다. 코스트코는 고객을 단순히 '물건을 사는 사람'이 아니라, '지속적인 가치를 창출하는 핵심 파트너'로 인식하고 관리함으로써 강력한 팬덤과 함께 비즈니스를 굳건히 한다.

이 세 가지 핵심 전략을 온전히 이해하고 체화하라. 이를 가장 강력한 무기로 삼아, 변화하는 마케팅과 고객 서비스 시장에서 고객의 마음을 주도하라. 그들에게 지금껏 경험하지 못한 특별한 가치를 선사할 수 있을 것이다. 이 책의 모든 페이지를 핵심 설계 도구로 삼아, 시야가 트이고 고객이라는 거대한 전장의 본질을 이해하게 될 것이다.

고객 만족은 끝났다.
이제 당신의 통제권을 확보하라

고객 만족이 매출의 출발점이라는 말은 이제 순진한 초보자들을 위한 동화에 불과하다. 즉, 고객 만족은 당신의 심리적 설계가 성공적으로 끝났음을 알리는 결과 보고서일 뿐이다. 만족한 고객은 당신의 제품이 단순히 좋아서 남는 것이 아니다. 그들은 당신이 설계한 감정적 경로에서 벗어날 필요성을 느끼지 못한다. 그래서 당신에게 머무른다.

현재 맡고 있는 팀장 자리에 오르기까지 나는 수많은 서비스와 마케팅 현장을 경험하며 실력을 쌓아왔다. 팀장 면접을 앞두고 나를 추천해 준 상사에게 솔직히 물었다. "대체 왜 저를 팀장으로 추천했어요?" 상사는 내게 명확하고 단호한 답변을 주었다.

“지수 씨는 뻔한 친절만으로는 고객의 마음을 얻을 수 없다는 것을 본능적으로 알고 있었다. 고객의 숨겨진 니즈를 파악하고, 그에 맞춘 서비스를 진정으로 고민하고 실행하는 사람이다. 그 결과는 언제나 매출 상승이라는 숫자로 증명되었다. 데이터를 분석해 볼수록 명확해졌고 지수 씨는 본연의 서비스만으로도 탁월한 영업이익을 꾸준히 창출해 내고 있었다. 그게 지수 씨가 가진 압도적인 강점이다.”

상사의 이 한마디는 내게 큰 깨달음으로 다가왔다. 당시 나는 그저 고객 개개인에게 최선을 다하려 노력했을 뿐이었다. 하지만 시간이 흐르고 상사의 말을 곱씹으면서 비로소 깨달았다. 나는 무의식적으로 고객에게 감정적인 설계를 하고 있었던 것이다. 나의 고객들은 그 설계에 자연스럽게 익숙해져 항상 나를 찾게 되는 결과가 생겨났다. 이것은 고객 만족이 단순히 서비스가 좋았던 결과가 아니라, 나의 서비스가 고객의 마음을 움직이는 확실한 통제권을 행사하고 있었음을 깨닫는 순간이었다. 이처럼 서비스의 본질을 꿰뚫는 깨달음은 나를 더욱 치밀한 설계자로 만들었다. 그리고 그 설계는 다음과 같이 세 가지 핵심 전략을 통해 완성된다.

1) 핵심 전략 1: 공감이라는 이름의 전략적 마취제를 활용하라.

당신은 고객의 감정을 대신 느끼는 것이 아니다. 당신은 그의 감정이 정당하다고 인정해 줌으로써, 그의 이성적인 저항을 효과적으로 완화시키는 것이다. 고객이 화를 낼 때, "고객님이 화가 날 만 했겠네요."라고 말하는 것은 단순히 이해의 표현이 아니다. 그것은 상대의 공격적인 태도를 무력화시키는 가장 효과적인 언어적 접근법이다. 감정이 정당화되는 순간, 고객은 더 이상 싸울 명분을 잃는다. 그리고 당신이라는 전문가 앞에서 자신의 문제를 순순히 드러내게 된다.

2) 핵심 전략 2: 시간 제한 없는 상담은 인내가 아니라, 치밀한 심리적 포위전이다.

나는 업무를 할 때 한 가지 규칙을 정한 적이 있다. 많은 고객과 시간을 할애해야 하는 전화 상담 시간을 3분으로 제한하는 것이었다. 그러나 장기적으로 이 규칙을 적용한 후 변수가 생겼다. 일 처리 시간은 단축되었지만 만족할 만한 결과는 나오지 않았다. 나의 업무 효율성을 위한 이 규칙은 역설적으로 고객에게 나를 빨리 쫓아낼 수도 있다는 기대를 심어준 셈이었다. 그래서 다시 규칙을 바꿔 보기로 했다. 나는 고객의 문제가 해결될 때까지 전화를 끊지 않았다. 이는 단순한 인내심의 표현이 아니다. 고객이 해결책을 받아들일 때까지 함께할 것이라는 당신의 어떤 저항도 소용없다는 심리적인 압박이었다. 처음에는 이 방식이 비효율적으로 느껴졌지만 규칙을 깬 후 6개월 뒤 재구매율이 15%나 상승하는 결과를 낳았다. 고객들은 나의 진정성에 감동해서 돌아온 것이 아니다. 그들은 나의 집요함과 전략적인 접근에 반응한 것이다. 고객들은 모든 저항이 무의미하다는 것을 깨달았다. 내가 제안하는 해결책만이 유일한 답이라고 무의식적으로 받아들이게 된 것이다. 그들은 만족해서 돌아온 것이 아닌 내가 원하는 방향으로 이끌린 것이다.

3) 핵심 전략 3: 미래를 예측하는 것은 배려가 아니라, 욕망을 선점하는 전략이다.

"이 고객이 앞으로 무엇을 원할까?" 이 질문은 고객을 돕기 위함이 아니다. 이것은 고객이 스스로 자신의 욕망을 깨닫기 전에 당신이 먼저 그의 미래 욕망을 예측하고 선점하는 행위다. 아마존의 추천 알고리즘은 당신의 다음 행동을 예측하는 것을 넘어선다. 당신의 다음 행동을 전략적으로 제안한 후 당신은 편리함을 느꼈다. 실제로는 당신의 선택이 거대한 알고리즘에 의해 정교하게 설계되고 있는 것이다. 고객의 미래를 예측하고 먼저 서비스를 제공하는 순간 고객은 당신을 단순히 친절한 응대자에서 충성스러운 지지자로 바꾼다. 고객은 자유로운 개인에서 당신 없이는 중요한 결정을 내리기 어려운 깊은 신뢰를 보내는 파트너로 발전한다. 고객 만족은 당신이 설계한 통제 시스템의 최종 단계다.

공감이라는 전략적 접근으로 고객의 저항을 완화시켜라. 심리적 포위전으로 주도권을 확보해라. 욕망을 선점하여 미래까지 당신의 영향력 아래 두어라. 만족한 고객은 매출을 만드는 것을 넘어선다. 당신의 통제권을 더욱 공고히 해주는 가장 확실한 증거일 뿐이다.

고객은 당신의 철저한 설계를 따라 움직인다

구매는 고객이 "만족할까?"라는 질문에 답하는 행위가 아니다. 구매는 서비스 제공자가 설계한 어떤 길로 가야 내 마음이 만족하는 것처럼 느껴질까?라는 질문에 답하는 과정일 뿐이다. 고객은 스스로 결정한다고 착각하지만 실제로는 당신이 미리 파놓은 길을 따라 걷는 것에 불과하다. 당신의 서비스는 고객의 의사결정 과정을 주도하는 정교한 내비게이션이다.

10년 전 건조기를 구입하려다 온라인 사기를 당해 150만 원을 잃은 경험이 있다. 당시 나는 가격이라는 단 하나의 정보에만 의존했다. 150만원을 잃은 후 재구매를 위해 오프라인 매장을 방문했고 판매 매니저가 나를 이러한 혼돈에서 빠져나올 수 있도록 이끌어 주었다. 그는 단순히 제품을 설명한 것이 아니었다. 정보의 홍수 속에서 헤매던 나의 모든 의사결정 과정을 완벽하게 파악했다. 그리고 그가 원하는 결론으로 나를 이끌었다. 덕분에 나는 합리적이고 안전하게 제품을 다시 구입할 수 있었다. 그는 나에게 친절을 베푼 것이 아니라 나의 현실을 새롭게 재설계해 주었다.

고객의 의사결정 4단계를 완벽하게 주도하라

고객은 정보의 홍수 속에서 본인이 합리적인 선택을 한다고 믿는다. 하지만 때로는 불확실성 속에서 길을 잃기도 한다. 이러한 순간 고객이 단순히 선택하게 두는 것은 그들을 혼란 속에 방치하는 것과 다르지 않다. 당신은 고객이 스스로 완벽한 답을 찾기 전에 그의 의사결정 과정 전체를 당신의 영향력 아래 두어야 한다. 고객의 의사결정은 예측 가능한 흐름을 보인다. 이 흐름을 간파하고 각 단계에 전략적으로 개입하여 주도하는 것이야말로 고객을 당신의 설계 안으로 이끄는 가장 확실한 방법이다.

1) 1단계, 문제 인식 단계: 잠재된 불안을 자각시키고, 당신을 유일한 해답으로 제시하라.

고객은 자신의 문제가 무엇인지 명확히 모를 때가 많다. 당신은 그의 문제를 정확히 자각시켜야 한다. 당신의 질문은 그의 평온한 일상에 균열을 내고, 문제의 중요성을 인지시켜야 한다. 그리고 그 문제에 대한 유일한 해결책이 바로 당신에게 있다는 인식을 심어라.

2) 2단계, 정보 수집 단계: 정보의 허브가 아니라, 당신만의 정보 요새가 되어라.

고객이 정보를 찾아 외부로 헤매게 두어서는 안 된다. 당신은 그가 필요로 할 모든 정보를 완벽하게 가공하여 제공함으로써, 당신의 정보 요새 밖으로 나갈 필요성 자체를 느끼지 못하게 해야 한다. 외부 세계는 불확실하고 혼란스러울 수 있지만, 오직 당신의 요새 안에서만 안전하고 정확한 정보와 해결책을 얻을 수 있다는 인식을 심어주는 것이다.

3) 3단계, 선택 단계: 데이터가 아니라, 신뢰를 바탕으로 한 명확한 방향을 제시하라.

고객은 수많은 데이터를 비교하며 혼란에 빠진다. 이때 당신은 더 많은 데이터를 제공하는 것이 아니다. 그의 모든 혼란을 종식시킬 단 하나의 권위 있는 방향을 제시해야 한다. "고객님의 성향을 고려했을 때, 이 모델이 가장 탁월한 선택입니다." 이 한마디는 단순한 추천이 아니다. 이것은 정보의 안개 속에서 길을 잃은 고객에게 내리는 구원의 메시지다. 인간은 방대한 데이터보다 전문가의 확신에 더 큰 신뢰를 보내도록 반응한다.

4) 4단계, 구매 후 평가 단계: 고객의 경험 기억을 관리하여 충성심을 이끌어내라.

고객의 충성심은 실제 경험보다 그의 머릿속에 남은 편집된 기억에 의해 결정된다. 구매 직후 당신은 즉시 개입하여 그의 기억을 전략적으로 관리해야 한다. "탁월한 선택이셨습니다."라는 메시지를 보내라. 그의 선택이 얼마나 현명했는지를 증명하는 후기들을 지속적으로 노출시켜라. 그는 자신의 선택이 옳았다는 심리적 보상을 받으며 당신의 브랜드(또는 당신 자신)를 자신의 현명함과 동일시하게 된다.

고객은 서비스를 보고 결정하는 것이 아니다. 고객은 당신이 설계한 심리적 경로의 마지막에 도달했을 뿐이다. 가격만 보던 나를 혼돈에서 구원해 준 것은 판매 매니저의 단순한 서비스가 아니다. 나의 의사결정 과정을 완벽하게 주도한 한 명의 마스터였다. 그 경험은 나를 서비스의 본질을 꿰뚫는 더욱 깊이 있는 설계자로 만들었다. 이 책을 통해 당신도 고객의 의사결정 과정을 완벽히 주도하는 마스터가 될 수 있다.

고객 심리학, 당신의 가장 날카로운 승리의 무기다

모든 선택의 배후에는 심리가 있다. 다시 말하자면 모든 심리의 배후에는 당신이 공략해야 할 약점이 있다. 고객의 구매 결정이 전적으로 이성적이라고 믿는가. 그것은 인간의 뇌가 감정에 먼저 반응하고 이성이 뒤늦게 그럴듯한 변명을 만들어낸다는 기본적인 사실조차 이해하지 못하는 이들의 착각에 불과하다. 고객은 제품의 기능을 사는 것이 아니라 그 제품이 불러일으킬 것이라고 당신이 약속한 감정을 사는 것이다. 따라서 고객의 마음을 읽어낼 수 없는 서비스는 치열한 전장에서 무기를 장착하지 않은 채 방황하는 군인과 같다. 차별화된 브랜드 이미지는 당신의 선제공격용 심리적 무기다. 당신도 분명 경험했을 것이다. 우리 모두 특정 브랜드 이미지만 보고도 망설임 없이 지갑을 여는 경우가 부지기수다. 그 로고, 그 이름만으로 이것이 옳다, 이것이 나에게 필요하다는 무의식적인 확신에 이끌려 구매하게 된다. 이처럼 당신의 심리를 움직이는 것이 바로 잘 설계된 서비스의 본질이다.

만약 당신이 회사라는 견고한 시스템 뒤에 숨는 것이 아니라 개인 강사나 개인 서비스업에 종사하는 전문가로서 홀로 서야 한다고 가정하자. 이 통찰은 당신의 생존과 번영에 직결된다. 평범한 친절은 이제 누구에게나 제공되는 표준이다. 평범함으로 더 이상 고객의 마음을 사로잡을 수 없다. 당신은 자신만의 강력한 브랜드 이미지를 구축해야 한다. 그것은 단순한 명함이나 간판에 그치지 않는다. 그것은 고객의 뇌리에 당신의 가치를 선명하게 새겨 넣는 가장 강력한 무기다.

대기업이 수십 년간 쌓아온 브랜드 이미지는 고객 심리를 공략하는 가장 강력한 사례다. 기업의 브랜드는 수많은 고객과의 접점에서 형성된 신뢰, 안정감, 기대감과 같은 감정의 총체다. 대표적으로 LG전자의 정도 경영은 단순한 경영 철학이 아니다. 그것은 수십 년에 걸쳐 고객의 뇌리에 'LG=신뢰'라는 자동 반사 회로를 심어놓은 거대한 심리전의 결과다. 고객은 LG 제품을 볼 때 이성적으로 분석하기 전에 먼저 신뢰라는 감정부터 느낀다. 이처럼 잘 구축된 브랜드 이미지는 당신이 본격적인 설득을 시작하기도 전에 이미 전쟁의 절반을 승리로 이끌어 놓는 효과를 발휘한다. 고객 심리학, 그것은 당신을 시장의 수많은 경쟁자들 속에서 차별화된 존재로 각인시키는 가장 날카로운 무기다. 지금부터 그 칼날을 갈고 닦아라.

감정 자극, 고객의 이성을 넘어 마음을 움직이는 핵심 기술

미국의 시인이자 인권운동가인 마야 앤젤루는 "사람들은 당신이 한 말을 잊지만 당신이 느끼게 한 감정은 절대 잊지 않는다."라고 말했다. 이것은 CS의 본질을 꿰뚫는 가장 중요한 진실이다. 모두가 이성적인 정보와 기능을 제공할 때 고객의 감정을 건드리는 서비스만이 당신을 잊지 못하게 만든다. 고객의 이성적 기억은 시간이 지나면 희미해진다. 하지만 당신이 남긴 감정적 경험은 그의 마음에 깊이 각인되어 영원히 영향을 미친다.

스타벅스는 단순히 커피를 파는 것이 아니다. 당신의 이름을 불러주고 친근한 미소를 건네며 '당신을 존중한다'는 감정을 제공한다. 그 감정에 익숙해진 고객은 커피 맛이 조금 변하더라도 스타벅스를 쉽게 떠나지 못한다. 당신은 고객에게 어떤 감정을 남기고 있는가? 편안함, 신뢰, 설렘'과 같은 감정은 당신이 고객의 마음에 채워놓은, 보이지 않지만 강력한 유대감이자 이끌림이다.

고객의 감정을 단순히 이해하는것을 넘어서라. 감정에 절실하게 반응해라. 고객이 불안을 느낀다면 당신은 그의 불안을 해소하기 위해 모든 역량을 동원해야 한다. 고객이 특별한 경험을 원한다면 당신은 그를 위해 세상에 단 하나뿐인 경험을 창조해야 한다. 이처럼 '나만을 위한 서비스'라는 인상을 심어주는 것이 곧 차별화다. 이 절실하고 능동적인 대응은 당신이 단순히 일을 처리하는 기계적인 존재가 아니라 나 자신을 위해 움직이는 유일한 존재라는 강력한 인상을 심어준다.

고객 심리학은 서비스의 깊이를 만드는 단순한 철학이 아니다. 그것은 고객의 모든 방어 체계를 무력화시키고 그의 가장 깊은 욕망을 움직이기 위해 당신이 반드시 연마해야 할 가장 날카로운 무기다. 고객은 기능과 가격을 잊을 수 있다. 당신이 그의 마음에 새겨놓은 감정은 절대 잊지 않는다. 이는 단순한 친절을 넘어선 오직 당신만이 줄 수 있는 차별화된 경험의 힘이다. 당신의 서비스 철학은 이제 단 한 줄이면 된다. '나는 고객의 심리를 설계하고 주도하여 그들에게 잊을 수 없는 차별화된 경험을 선사한다.'

고객의 마음을 사로잡는 언어, 섬세한 소통의 기술

경계심을 허무는 섬세한 기술, 스몰토크

고객과의 관계는 첫 만남에서 이미 시작된다. 그의 무의식은 당신에 대한 첫인상을 각인하고, 관계의 향방을 결정한다. 대화는 타고난 재능이 아니다. 그것은 상대의 심리적 방어벽을 섬세하게 허물고 신뢰의 기반을 다지는 정교한 기술이다. 나는 어릴 적부터 타인에 대한 호기심을 통해 관계의 실마리를 찾아왔다. 그것은 단순한 궁금증이 아니었다. 상대방의 세계를 진정으로 이해하고 그의 가치관과 필요를 파악하기 위한 전략적 탐색 도구였다.

팀장이 되기 전에 고객들과 관계를 다지며 쌓아온 나의 경험은 스몰토크의 결정적인 힘을 여실히 보여주었다. 나는 고객들에게 편안하고 자연스러운 첫인상으로 다가섰다. 서비스 제공자의 역할을 단순히 제품을 수리하거나 케어하는 엔지니어에 머물지 않도록 했다. 나는 고객이 사용하는 제품을 통해 삶의 다양성을 확장시켰다. 어떤 새로운 서비스를 받을 수 있는지 고객의 생각을 확대해 주는 역할을 자처했다. 그 모든 과정의 중심에 스몰토크가 있었다.

스몰토크는 관계의 문을 여는 결정적 순간이다. "대화를 시작할때 본론만 바로 들어가면 안 되나요?"라고 묻는 이들은 관계 형성의 기본 원리를 이해하지 못하는 것이다. 대뜸 본론으로 향하는 직설적인 접근은 언제나 고객의 즉각적인 저항을 불러일으킨다. 스몰토크는 중요한 대화를 시작하기 전에 고객의 경계심이라는 방패를 자연스럽게 내려놓게 만드는 가장 효과적인 수단이다. 인간의 뇌는 날씨나 음식 같은 사소하고 편안한 주제를 처리하는 동시에 비판적이고 분석적인 방어 체계를 가동하기 어렵다. 당신이 편안한 이야기로 분위기를 조성하는 동안 상대의 뇌는 당신을 안전하고 호의적인 존재로 인식하기 시작하며 마음을 열 준비를 한다.

경험 공유는 단순한 교감을 넘어선 신뢰 구축의 기술이다. 당신은 고객과 겉핥기식 경험을 나누는 것이 아니다. 당신은 계산된 자기 노출을 통해 고객이 마음을 열고 더 깊은 이야기를 털어놓도록 유도하는 것이다. 당신이 "저도 요리를 좋아한다"와 같은 작은 이야기를 나눔으로써 인간 심리에 내재된 상호성의 법칙이 발

동한다. 고객은 자신이 받은 만큼, 혹은 그 이상으로 마음을 되돌려줘야 한다는 무의식적인 균형 감각을 느끼고 자신의 생각이나 경험을 더 솔직하게 꺼내놓게 된다. 이것은 단순한 대화가 아니라, 당신이 관계의 주도권을 쥐고 상호 신뢰를 쌓아가는 전략적 소통이다.

당신이 던지는 모든 스몰토크는 명확한 목적을 가지고 있다. 스몰토크는 그저 시간을 때우는 무의미한 잡담이 아니다. 그것은 상대의 경계심을 부드럽게 허물고 그의 심리를 이해하기 위한 치밀한 관찰이자 중요한 준비 과정이다.

혹시 고객과의 첫 만남에서 대화에 자신감을 잃거나 스몰토크를 시작하기 망설여진다면 걱정을 내려놓도록 하자. 당신의 성공적인 첫 소통을 위한 실질적인 스몰토크 전략을 제시한다.

가장 자연스러운 유대감은 고객의 관심사에서 시작된다. 스몰토크는 단순히 날씨나 취미, 맛집 같은 뻔한 질문 이전에, 고객과 먼저 유대감을 형성하는 데 그 본질적인 목적이 있다. 처음 만난 고객에게 대뜸 "맛집이 어디세요?"라고 묻는다면, 고객은 당황스러워 할 수밖에 없다.

그보다 중요한 것은 고객의 현재 상황과 직접적으로 연결된 자연스러운 대화의 물꼬를 트는 것이다. 스몰토크도 처음이 가장 중요하다. 상황과 목적에 딱 맞는 질문을 먼저 던지는 것이 핵심이다.

가장 좋은 예시를 들어보자면 고객이 현재 사용하고 있는 제품이나 서비스에 대해 먼저 물어본다고 가정해 보자. 이때 가장 좋은 질문은 "고객님, 이 제품 사용해 보시니 어떠셨나요?"와 같은 것이다. 이보다 자연스럽고 효과적인 스몰토크용 질문은 없다.

이 질문을 통해 고객과 초기 경계심을 해제할 수 있고 기본적인 관계의 토대를 자연스럽게 마련할 수 있을 것이다.

관계가 무르익었을 때 다음 단계의 심리적 탐색을 위한 스몰토크 도구들을 활용하라. 초기 유대감 형성 후에는 아래와 같은 스몰토크 질문들을 통해 고객의 숨겨진 욕망과 필요를 더 깊이 파악할 수 있다.

- **날씨 질문:** 현재 감정 상태나 분위기를 섬세하게 측정하는 온도계 역할을 한다.
- **취미 질문:** 가치관과 삶의 방향, 중요한 소비 요소를 파악하는 탐색 도구다.
- **맛집 질문:** 개인적인 유대감을 형성하여, 향후 더 중요한 대화로 나아갈 전략적 발판을 마련한다.

스몰토크는 당신의 진짜 의도를 숨기고 상대의 심리적 영토에 부드럽게 진입하기 위한 가장 중요한 전략적 출발점이다. 이 경계심 해체 작업이 성공적으로 이루어지지 않는다면, 당신의 핵심적인 서비스 제안이나 본론은 시작하기도 전에 고객의 방어적인 태도에 가로막히고 말 것이다. 스몰토크는 섬세하지만 강력한 첫 번째 핵심 기술이다.

열린 질문, 고객의 사고를
이끌어내는 언어의 힘

　설명은 때로 반발을 부르지만 질문은 능동적인 사고를 이끌어낸다. 당신이 원하는 것이 무엇인지 장황하게 설명하기보다, 고객이 스스로 질문하게 만드는 것이 핵심이다. 잘 설계된 질문, 특히 고객의 마음을 열게 하는 열린 질문은 고객이 스스로 생각하여 당신이 원하는 결론에 도달하게 만드는 가장 강력한 심리적 유도 도구이기 때문이다. 질문은 겉으로는 고객의 의견을 존중하는 것처럼 보이지만, 그 본질은 이제부터 내가 설계한 사고의 길을 따르도록 무의식적으로 유도하는 전략이다.

　고객의 사고를 당신이 원하는 방향으로 이끌어 내기 위한 체계적인 심리 과정이 존재한다. 바로 '질문-경청-제안'으로 이어지는 전략적인 흐름이다. 이는 단순한 대화가 아닌, 치밀하게 설계된 심리적 과정이다. 당신은 고객의 말을 듣고 단순히 제안하는 것을 넘어 고객이 당신의 전략적 과정에 스스로 동참하도록 모든 단계를 설계하는 것이다.

1) 질문 단계: 고객의 마음을 열고 핵심 데이터를 수집하라.

이 단계에서 당신은 열린 질문을 사용하여 고객 스스로 자신의 생각과 감정을 탐색하게 유도한다. 닫힌 질문이 "네/아니오"라는 단순한 대답만을 이끌어내는 순응 테스트라면 열린 질문은 고객의 경험, 감정, 숨겨진 욕망이라는 모든 핵심 데이터를 당신의 지식 서버로 모아들이는 고도의 기술이다. 예를 들어 서비스 후 "불편한 점 없으셨나요?"와 같은 닫힌 질문은 피해야 한다. 대신 "저희 서비스를 이용하면서 어떠셨나요?" 혹은 "가장 불편했던 점은 무엇이었으며, 어떤점이 개선되면 좋을까요?"와 같은 열린 질문을 던져라. 고객은 자신의 경험, 감정, 필요에 대해 솔직한 이야기를 쏟아낼 것이다.

왜 고객은 스스로 답할 때 더 확신하는가?
─자기 설득의 심리학

　고객 스스로가 자신의 필요와 원하는 바를 명확히 인지하게 만드는 자기 발견의 과정은 단순히 정보를 얻는 것을 넘어선다. 인간은 자신이 직접 참여하여 얻은 결론에 더 큰 가치와 확신을 부여하는 경향이 있기 때문이다. 이는 단순한 정보 수용이 아니라 스스로 발견하고 인정한 생각에 대한 소유감을 높여준다.

　심리학에서는 이를 자기 설득 과정으로 설명한다. 당신의 질문은 고객이 내부적으로 이성적인 저항을 줄이고 당신의 제안을 스스로의 해답처럼 느끼게 만든다. 고객은 당신이 준 정보를 받아들이는 것이 아니라, 자기 것으로 만드는 과정을 거치게 된다. 이 강력한 심리적 기제는 고객의 만족도를 극대화하고 당신의 해결책에 대한 저항을 현저히 줄이며, 그 결정에 대한 고객의 충성도를 심화시키는 설계자의 핵심 도구다. 이처럼 고객이 스스로 자신의 필요와 원하는 바를 명확히 인지하게 만드는 것은 단순히 자기 발견을 돕는 것을 넘어 그들이 당신의 설계된 방향으로 자연스럽게 이끌리도록 하는 고도의 심리적 유도 과정인 것이다.

　당신의 질문은 고객의 사고를 자극하여 그 스스로가 해답을 찾아 나가도록 안내하는 섬세한 지도와 같다. 고객의 언어뿐 아니라 표정, 목소리 톤과 같은 비언어적 신호까지 분석하여 이 모든 정보를 통해 그의 다음 행동을 예측하고 전략적으로 이끄는 데 필요한 귀중한 데이터를 확보하라.

2) 경청 단계: 고객의 고통을 이해하고 가치를 자각시켜라.

질문 단계에서 확보한 정보를 바탕으로, 이제 경청의 힘을 발휘할 차례다. 당신은 "배송이 늦어서 불편했어요."라는 고객의 말을 통해 그의 구체적인 불편함과 문제의 본질을 파악할 수 있다. 이 단계에서는 고객의 고통을 깊이 이해하고 있음을 적극적으로 표현하라. 고객이 느끼는 불편함과 그로 인한 감정적 영향을 인지하고 있음을 보여줄 때, 고객은 비로소 마음의 문을 더욱 활짝 연다. 중요한 것은 당신이 그의 고통을 깊이 들음으로써, 그 고통을 해결해 줄 당신의 역량이 얼마나 가치 있는지를 고객이 스스로 깨닫도록 이끄는 것이다. 단순히 감정을 이해하는 것을 넘어, 그의 감정 데이터를 수집하고 분석하며 궁극적으로 그가 자신의 문제를 당신의 해결책을 통해 풀어야 한다고 스스로 확신하도록 유도하는 기반을 마련하는 단계다.

3) 제안 단계: 고객이 당신의 해답을 자신의 확신으로 만들게 하라.

질문과 경청을 통해 고객의 니즈와 고통을 정확히 파악했다면, 이제 가장 적절한 해결책을 제시할 때다. 당신은 고객의 불편함을 완벽하게 해소해줄 해결책을 명확하게 제시하고, 이후에는 역

질문이라는 강력한 도구를 활용한다. 예를 들어 "이 정도 속도라면 만족스러우실까요?"와 같은 질문을 던져라. 이 마지막 질문은 단순한 확인이 아니다. 이것은 당신의 해결책이 유일한 해답임을 고객이 자신의 입으로 인정하고 확신하게 만드는 과정이다. 이 확신을 통해 고객은 더 이상 당신의 제안을 거부하기 어렵게 된다. 당신은 그의 문제를 해결하는 것을 넘어 그 해결책이 고객 스스로의 선택이었다고 느끼게 하는 섬세한 설계자다.

결론적으로 질문은 마음의 열쇠가 아니다. 질문은 상대의 이성적 저항을 우회한다. 그의 사고에 당신의 의도를 섬세하게 심는 가장 날카로운 도구다. 설명을 멈추고 질문을 시작하라. 고객은 제품의 기능이나 당신의 태도를 보고 최종 결정을 내리는 것이 아니다. 고객은 당신이 던진 질문에 스스로 답하는 과정을 통해 자신도 모르는 사이에 당신이 설계한 방향으로 이끌릴 뿐이다. 진정한 전문가는 답을 제시하는 사람이 아니다. 자신이 원하는 답 외에는 다른 어떤 답도 나올 수 없는 완벽한 질문을 설계하는 사람이다.

대화로 설계하여 전략적으로 이끌어라

당신은 그저 대화하는 사람이 아니다. 당신은 고객이라는 강력하지만 예측 가능한 존재의 반응을 능숙하게 이끌어내는 탁월한 설계자다. 이는 단순히 말을 유창하게 하는 재능의 영역이 아니다. 고객 서비스 현장에서 가장 중요한 것은 바로 고객의 모든 미세한 반응을 감지하고 그에 맞춰 언어의 강약과 방향을 섬세하게 조절하는 심리적 관계 조율 기술이기 때문이다.

이 심리적 조율 기술의 가치는 과거 함께 근무했던 팀원들이 내게 보냈던 인상적인 칭찬 속에 명확히 담겨 있었다. "팀장님, 어떻게 그렇게 센스 있게 말을 잘하세요? 너무 설명을 잘해주시니까 이해가 잘 되고 귀에 쏙쏙 들어옵니다. 그리고 센스도 좋으신 것 같아요." 가끔 내가 스피치 강사라서 말을 잘했는지 아니면 원래 말을 잘했던 사람인지 스스로 의문을 품기도 했다. 나는 원래 표현을 즐겨 하는 사람이었을지언정 솔직히 말을 유창하게 잘했던 사람은 아니었다. 하지만 고객 서비스 현장에서 말을 잘한다는 것이 입으로 내뱉는 언변의 전부가 아니라는 것을 뼈저리게 깨달았다. 위 칭찬 속의 '센스'는 바로 고객의 비언어적 신호를 읽고 그들의 숨겨진 속마음을 간파하는 능력을 의미했다.

고객 서비스 현장에서 당신의 가장 강력한 무기는 화려한 언변이 아니라 상대의 속마음을 꿰뚫어 보는 소름 끼치는 통찰이다. '고객의 굳어진 표정, 빨라지는 말투, 팔짱을 끼는 몸짓'은 단순한 반응이 아니다. 이것은 그의 심리가 당신에게 보내는 중요한 신호다. 그의 마음속 방어벽이 어디에 세워지고 있는지를 알려주는 섬세한 지도와 같다. 이 신호를 무시하는 순간 당신은 전략적 오류를 범하게 된다. 반대로 그 신호를 읽고 즉시 전술을 수정하면 당신은 그의 마음이라는 문을 자유자재로 열 수 있다. 고객의 반응은 당신이 원하는 대로 이끌어야 할 감정의 방향키임을 기억하자.

고객의 비언어적 신호, 침묵 속의 진짜 메시지

고객의 말 너머에는 훨씬 더 많은 정보가 담겨 있다. 비언어적 신호는 고객의 진심을 해독하고 그들이 미처 말하지 못한 욕망을 읽어내는 핵심 열쇠다. 이성적으로는 미소를 짓고 있어도 그의 표정 근육의 미세한 움직임이나 동공의 흔들림은 숨겨진 불만이나 불안을 드러낸다. 팔짱을 끼는 행동은 경계심이나 방어적인 태도를 의미하며 당신의 제안에 대한 저항을 암시한다. 몸을 앞으로 기울이거나 고개를 끄덕이는 것은 적극적인 관심과 동의의 표현이지만 산만한 시선이나 잦은 시계 확인은 지루함이나 초조함의 명백한 신호다.

더 나아가 목소리의 톤, 말의 속도, 그리고 미묘한 침묵까지도 중요한 정보가 된다. 불안정한 목소리는 불확실성을, 빨라지는 말투는 흥분이나 조급함을 나타낼 수 있다. 갑작스러운 침묵은 깊은 고민일 수도 있지만, 때로는 당신의 제안에 대한 불신이나 저항의 준비 단계일 수도 있다. 이러한 비언어적 신호들은 당신의 서비스 전개에 있어 고객의 현재 상태를 정확히 파악하고 다음 단계를 섬세하게 설계하기 위한 필수적인 단서다. 고객이라는 존재의 복합적인 비언어적 메시지를 해석하는 능력이야말로, 당신의 통찰을 한 단계 더 끌어올리는 차별화된 무기가 될 것이다. 이

제 당신 앞에 펼쳐진 고객의 반응을 완벽히 이끌어내는 조율의
비법을 익혀라.

상황별 고객 반응 전략 시나리오

1) 고객이 만족이라는 녹색 신호를 보낼 때: 그의 자기 긍정에 불을 지펴라.

- **감지 신호:** 편안한 미소, 긍정적인 단어("좋네요", "편해요"), 고개를 끄덕이는 행동, 개방적인 자세.

- **유도 화법:** 단순히 감사만 표현하지 마라. 그의 만족을 그의 탁월함과 연결시켜라.

  예 "마음에 드셨다니 정말 다행입니다. 역시 고객님처럼 안목이 높은 분은 핵심을 바로 알아보시는군요. 덕분에 저희 제품의 가치가 더욱 빛나는 것 같습니다."

이것은 형식적인 인사가 아니다. 이것은 그의 선택이 얼마나 현명했는지를 당신이 증명해 줌으로써, 그의 자존심을 한껏 고양시키는 심리적 만족감 제공이다. 그는 이 기분 좋은 우월감에 당신을 쉽게 떠나지 못한다.

2) 고객이 불만족이라는 적색 신호를 보낼 때: 그의 분노를 흡수하고 당신의 편으로 만들어라.

- **감지 신호:** 굳은 표정, 짧고 건조한 대답, 문제 지적, 팔짱, 시선 회피, 짜증 섞인 목소리.

- **유도 화법:** 절대로 변명하거나 방어하려 하지 마라. 그것은 불길에 기름을 붓는 행위와 같다. 대신 그의 불만을 완벽하게 인정하고 흡수해라.

  예 "그렇게 느끼셨다니 불편을 드린 점 진심으로 죄송합니다. 어떤 부분이 가장 실망스러우셨는지 제가 정확히 알아야, 고객님과 함께 이 문제를 해결할 수 있습니다."

이것은 단순한 사과가 아니다. 이것은 당신이 그의 반대편이 아니라, 문제라는 공동의 대상에 맞서 함께 싸울 동맹임을 선포하는 것이다. 당신은 그의 분노를 문제 해결을 위한 에너지로 전환시켜야 한다.

3) 고객이 혼란이라는 황색 신호를 보낼 때: 그의 이해를 유도하여 당신의 전문성을 확립하라.

- **감지 신호**: 갸웃거리는 고개, 반복적인 질문, "잘 모르겠어요"라는 말, 눈썹 찌푸림.
- **유도 화법**: 그를 무시하거나 가르치려 들지 마라. 그의 혼란을 당신의 전문성을 증명할 기회로 만들어라.

  예 "아주 좋은 질문을 주셨습니다. 대부분의 사람들이 놓치는 핵심을 짚어내셨군요. 제가 그 누구보다 쉽고 명쾌하게 설명해 드리겠습니다."

이것은 단순한 칭찬이 아니다. 이것은 그의 혼란을 좋은 질문으로 포장하여 그의 자존심을 지켜주는 동시에 당신을 모든 해답을 가진 현자의 위치에 올려놓는 섬세한 기술이다. 진정으로 이해를 갈구하는 이는 현자의 통찰을 따르게 되어있다.

당신은 정해진 악보를 따라가는 연주가가 아니라, 고객의 감정 상태를 실시간으로 읽고 그 미묘한 변화에 맞춰 대화의 템포와 톤을 자유자재로 조율하는 대화의 지휘자다. 고객이 지루해하면 대화의 흐름을 역동적으로 전환하고, 그들의 흥분이 최고조에 달하면 더 깊은 질문으로 몰입을 유도하라. 이 섬세한 조율 능력이야말로 고객을 당신이라는 서비스에 깊이 몰입시키고 당신을 대체 불가능한 존재로 만드는 궁극의 힘이다.

고객의 본능을 깨우고, 이성을 넘어선 공감을 이끌어라

당신은 고객의 머릿속에 두 개의 사고 체계가 있다고 상상해야 한다. 하나는 논리와 합리를 따지는 이성적 판단이고, 다른 하나는 오직 생존, 안전, 지위, 편안함만을 갈망하는 원초적인 본능이다. 고객의 마음을 사로잡고 그들의 선택을 이끌어 내고싶은가? 그렇다면 이 두 가지 사고방식 사이에서 벌어지는 미묘한 줄다리기를 당신의 전략적 기회로 만들어라. 고객의 본능에 섬세하게 말을 걸고, 이성적인 판단까지 당신의 의도대로 자연스럽게 따르도록 이끌어야 한다. 우리는 고객의 숨겨진 욕망을 파악하고 (본능 분석), 동시에 합리적인 의심을 해소하는 (반박 제거) 두 가지 핵심 기술을 반드시 익혀야 한다.

LG전자는 어떻게 평범한 가전을 고객의 필수품이자 가장 강력한 욕망의 대상으로 만들었을까? 그들은 고객의 차가운 이성이 아니라 편안함과 안정을 갈망하는 뜨거운 본능에 불을 지폈다. 이는 이성적인 저항까지도 무력화시키는 강력한 접근이었다. LG전자는 고객들이 복잡한 세상에서 단순한 편리함과 효율성을 넘어 마음 편히 집에서 쉬고 싶은 가장 깊은 본능적 욕구를 가졌음을 간파했다. 그들은 AI 기술을 이용한 스마트 가전 제품을 개발했고, 이는 고객들이 일상생활에서 불필요한 고민과 스트레스를 겪지 않고 온전한 휴식을 느낄 수 있도록 돕는 핵심적인 제품으로 자리매김했다. 건조기는 단순히 옷을 말리는 기계를 넘어섰다. 그것은 비 오는 날 빨래 걱정 없는 안심을 선사하고 시간을 절약하여, 더 많은 여유와 품격을 누린다는 지위감을 고객에게 부여한다. 이처럼 고객의 무의식적인 욕구를 정확히 파악하여 충족시킨 것이 바로 숨겨진 욕망을 찾아내는 본능 분석의 결정적인 승리다.

하지만 고객의 이성은 쉽게 무너지지 않는다. 당신이 본능에 불을 지필 때, 고객의 이성은 'LG전자의 제품은 너무 비싸다'와 같은 날카로운 반박을 던지며 당신의 매혹에 저항할 것이다. 이때 LG전자는 이성적인 가격 논리에 직접적으로 맞서지 않았다. 대신 그들은 제품이 단순히 높은 가격표를 단 기계가 아니라는 점을 강조했다. 최신 기술과 탁월한 품질을 넘어, 구독이라는 혁신적인 계약 방식을 통해 지속적인 유지보수관리서비스라는 압도적인 가치를 제공했다. 이는 곧 비용을 지불하고 단순히 제품을 사는 것을 넘어, 고객의 삶에 투자하는 현명한 선택임을 명확히 부각한 것이다. 이처럼 가격이라는 이성적 저항을 장기적인 안심과 편의라는 더 큰 본능적 가치와 연결하여 고객이 궁극적으로 얻게 될 이득을 설득한 것이다. 고객의 반박을 미리 예측하고, 이성을 인정하되 본능적 가치로 해소하는 것. 이것이 바로 합리적인 의심을 잠재우는 반박 제거의 치밀한 기술이다.

이처럼 고객의 본능적 욕구를 이해하고 이를 충족시키는 전략, 그리고 고객의 이성적 반박을 미리 예측하고 이를 해소하는 방법은 단순히 비즈니스 경쟁력을 유지하는 것을 넘어, 고객의 마음을 움직이는 가장 강력한 무기다. 본능 분석과 반박 제거는 단순한 문제를 해결하는 기술이 아니다. 이것은 고객의 무의식에 깊이 침투하여 그들의 억눌린 욕구를 해방시키고, 당신이 설계한 길로 고객을 이끌어 내는 가장 치밀하고 강력한 심리 전략이다.

이제 당신은 이 강력한 두 가지 분석 방법을 당신의 것으로 만들 준비가 되었는가? 본능 분석과 반박 제거의 대화 예시를 통해 그 실전 기술을 완벽히 마스터하자.

가격 반박에 대한 본능 유도

고객: "좋은데 비싸네요."

상담원: (1단계: 이성 인정) "네, 고객님 말씀이 맞습니다. 결코 저렴한 가격은 아니죠."

(고객의 합리적인 이성을 존중하며, 그들의 경계심이라는 방패를 부드럽게 내려놓게 하라.)

상담원: (2단계: 본능 재점화) "하지만 이 가격은 단순한 기계값이 아닙니다. 이것은 앞으로 6년간 매일 아침 '오늘 뭐 입지?'라는 고민과 스트레스로부터 고객님의 뇌를 해방시켜 드리고, 그 아낀 시간과 에너지로 고객님께서 다른 업무에 집중할 수 있도록 만들어드리는, 고객님의 삶에 찾아오는 진정한 해방의 가치입니다."

(이것은 단순한 제품 설명이 아니다. 이것은 고객의 내면에 잠재된 가장 원초적인 욕망, 즉 편안함, 시간 절약, 심리적 해방감에 다시 한번 거대한 욕망의 불을 지피는 언어의 예술이다.)

고객과의 대화는 그들 마음속에서 벌어지는 본능적 끌림과 이성적 판단 사이의 선택 과정이다. 당신은 언제나 고객의 가장 깊은 본능적 욕구와 함께해야 하며, 그 욕망에 불을 지피고, 그 불길이 너무나 거세져서 고객의 모든 이성적인 고민이 한 줌의 하얀 재로 변해버릴 때까지 그 감정적 불꽃을 키워나가라. 본능을 이해하고 자극하여 이성적인 반박을 부드럽게 무력화하는 순간 당신은 단순히 제품이나 서비스를 파는 것을 넘어, 고객의 내면에 잠재된 진정한 욕망을 충족시켜 깊은 만족을 선사하는 지혜로운 전략가가 될 것임을 확신하라.

고객 유지를 이끄는
섬세한 언어 기술 5가지

나와 같이 일하는 팀원들은 다양한 성격을 갖고 있다. 외향적인 이들도 있지만 특히 내향적인 팀원들이 공통적으로 토로하는 고민이 있다. 그들은 어떻게 고객과 소통해야 제품의 가치를 명확히 심어줄 수 있는지, 고객과의 유대감을 더욱 탄탄히 다질 수 있는지 깊이 고뇌한다. 그들의 고민처럼, 고객과의 대화는 종종 외줄타기와 같다. 너무 무겁게 다가가면 관계가 투박해지고 너무 가볍게 접근하면 서비스의 진지함이 떨어진다. 이 미묘한 균형점 위에서 고객의 마음을 사로잡으면서도 진정한 신뢰를 구축하는 방법은 무엇일까? 그 해답은 바로 적절한 센스를 가진 말하기에 있다. 이는 단순히 타고난 감각을 의미하는 것이 아니다. 고객의 마음을 읽고 그들을 우리 곁에 머물게 하는 치밀하게 설계된 언어의 기술이자 전략이다. 당신은 고객에게 최고의 경험을 제공하고 그들이 기꺼이 당신의 강력한 지지자로 남도록 만들어야 한다. 지금부터 고객 유지를 이끄는 5가지 말하기 기술을 제시한다. 이 원칙들을 당신의 것으로 체화하자. 당신의 대화는 고객과의 관계를 굳건히 다지고 궁극적으로 고객의 지속적인 선택을 이끌어 내는 강력한 무기가 될 것이다.

고객 유지를 위한 5가지 섬세한 언어 기술

1) 긍정은 기본이지만 과하지 않게: 흔들림 없는 비전을 제시하라.

"할 수 없다", "어렵다"는 말은 당신의 사전에서 지워버려라. 그렇다고 단순한 "예"만 외치는 것은 무의미하다. 대안을 제시할 때 솔직하면서도 과장하지 않는 정직한 긍정을 유지하라. 허황된 약속이 아닌 현실적인 대안과 진솔한 태도를 통해 고객의 신뢰를 쌓는 것이 중요하다. 이러한 태도야말로 고객의 불안을 잠재우고, 당신에 대한 굳건한 신뢰를 형성하는 기반이 된다. 당신의 긍정적인 메시지는 고객에게 불가능은 없다는 강력한 비전을 제시하며 그들을 당신 곁에 머물게 한다.

2) 명확하고 간결하게: 고객의 뇌에 핵심을 곧장 각인시켜라.

복잡하고 장황한 설명은 고객의 인내심을 시험할 뿐만 아니라 당신의 메시지를 흐트러뜨린다. 중요한 것은 메시지를 명확하고 간결하게 전달하여 고객의 뇌에 곧장 침투하는 것이다. 복잡한 용어나 불필요한 미사여구는 피하고, 고객이 핵심을 바로 파악하도록 하라. 당신의 언어가 군더더기 없이 명료할수록, 고객은 당신을 신뢰할 만한 전문가로 인식하고 당신의 메시지를 쉽게 받아들인다.

3) 진짜 공감하기: 고객의 영혼과 소통하라.

말로만 "이해합니다"라고 하는 것은 공허한 메아리이자 관계의 진정성을 해치는 행위다. 진정한 공감은 고객의 말을 진심으로 듣고 그들의 입장에서 생각하는 것에서 시작된다. 진정한 공감은 말뿐만 아니라 행동으로 보여줘야 한다. 고객의 감정에 깊이 귀 기울이고 그들의 입장을 온전히 이해하려 노력하는 순간, 고객은 당신에게 마음의 문을 열고 깊은 유대감을 느낀다. 영혼으로 소통하는 공감이야말로 고객의 마음을 묶어두는 가장 강력한 끈이다.

4) 개인화된 접근: 당신은 특별하다는 메시지를 각인시켜라.

고객 한 사람 한 사람은 유일무이한 존재다. 모든 고객에게 똑같은 복제품처럼 대하는 것은 그들의 특별함을 부정하는 행위다. 개인화된 접근 방식을 취함으로써 고객 한 사람 한 사람이 특별하다는 느낌을 받게 하라. 고객의 이름을 기억하고, 과거의 대화나 구매 이력을 참고하여 맞춤형 정보를 제공하는 것은 개인화된 경험을 통해 고객과의 관계를 강화하는 핵심 기술이다. 고객은 자신이 특별한 대우를 받는다고 느낄 때 비로소 당신에게 충성한다.

5) 활발한 소통: 고객을 당신의 성장에 핵심 동반자로 동참시켜라.

고객의 의견을 듣고 반영하는 것은 단순한 대화의 기본이 아니다. 그것은 관계 유지의 핵심 전략이다. 질문을 던지고 피드백을 적극적으로 요청하라. 활발한 소통을 통해 고객의 의견을 듣고 이를 비즈니스에 반영함으로써 고객 참여를 극대화할 수 있다. 고객의 목소리는 당신의 서비스 개선을 위한 가장 강력한 자원임을 잊지 마라. 고객은 단순히 제품이나 서비스를 소비하는 존재가 아니라, 당신의 성장에 직접 기여하는 핵심 동반자가 되었을 때 가장 강력한 유지율을 보인다.

이러한 원칙들은 고객과의 대화를 단순히 주고받는 것이 아니라, 서로의 가치를 인정하고 존중하며 장기적인 유대를 형성하는 진정한 관계로 발전시킬 것이다. 고객과의 소통은 섬세한 균형을 요구하는 예술과 같다. 너무 무거운 태도는 관계를 단절시킬 수 있다. 반대로 너무 가벼운 접근은 신뢰와 진지함을 저해할 수 있다. 고객의 마음을 사로잡으며 동시에 견고한 관계를 구축하기 위해서는 위에서 안내한 다섯 가지 핵심 원칙을 치밀하게 지키는 것이 중요하다. 이러한 접근 방식은 고객 유지율을 극대화하고, 비즈니스의 장기적인 성공과 지속 가능한 관계를 이끌어내는 근본적인 역할을 하게 될 것임을 확신하라.

목소리, 고객 행동을 조율하는 핵심도구

입만 열면 당신은 그 본모습을 드러낸다. 첫인상은 당신이 통제할 수 없는 순식간에 결정되는 무심한 판단의 시간이다. 인간은 상대를 보자마자 본능적으로 순식간에 공감대를 형성할지 혹은 거리를 둘지 판단한다. 이 초기 판단의 기준은 냉정할 만큼 명확하다. 당신의 겉모습이 55점, 당신의 목소리가 38점, 그리고 당신이 내뱉는 말의 내용물이 고작 7점이다. 요즘 세상에 자신을 가꾸지 않는 사람은 없다. 그것은 중요한 만남에 임하는 이가 단정한 차림을 갖추는 것과 같은 기본 중의 기본이다. 하지만 진정한 관계는 그 이후에 시작된다. 모두가 훌륭한 모습을 갖추고 나선 소통의 장에서 성공적인 결과를 이끄는 것은 결국 전달력이라는 무기의 성능이다. 당신의 목소리가 바로 그 무기다. 최첨단 스포츠카의 외관을 자랑하지만 엔진이 경운기 소리를 낸다고 상상해 보라. 그것만큼 메시지와 전달력 사이의 안타까운 부조화는 없다. 이 글은 방송인처럼 매끄러운 목소리를 만드는 교양 강좌가 아니다. 이것은 당신의 목소리를 상대의 머릿속에 각인시키고 감동을 주며, 결국 당신이 원하는 바를 이끌어 내는 섬세한 설득의 기술에 대한 것이다. 진정성이라는 메시지를 채워 당신이 원하는 과녁을 정확히 관통시키는 실전 메뉴얼이다.

목소리는 당신의 보이지 않는 이력서다. 사람들은 당신의 입이 열리는 순간, 눈에 보이지 않는 두 번째 얼굴이자 당신의 모든 가치와 경험이 담긴 이력서를 읽는다. 따뜻하고 힘 있는 목소리는 그 자체로 '나는 수많은 경험을 통해 단련된 신뢰할 만한 전문가입니다.'라고 광고하는 것과 같다. 반대로 작고 갈라지는 목소리는 성장에 대한 노력을 게을리했음을 스스로 인정하는 인상을 준다. 목소리는 당신의 생각을 담아 전달하는 그릇이다. 최고의 가치라도 깨진 그릇에 담아 건네면 그 가치가 평가절하될 수 있다. 당신의 훌륭한 아이디어와 진심 어린 감정이 형편없는 목소리라는 그릇 때문에 무시당하고 오해받게 내버려 둬서는 안 된다.

목소리의 조율 능력을 완벽히 장악해라. 당신의 목소리는 세 개의 정밀한 조절 레버로 움직인다. 이것을 자유자재로 다루는 순간, 당신은 대화의 파일럿이자 설계자가 된다.

1) 목소리의 높낮이는 관계의 다이얼이다.

중요한 협상 테이블에서는 신뢰를 주는 묵직한 저음으로 진중함을 더해야 한다. 팀의 사기를 끌어올리는 발표에서는 열정을 싣는 활기찬 고음으로 변화를 주어야 한다. 평생 하나의 높낮이에만 고정된 화자는 결국 관계의 변화에 뒤처지고 만다. 당신의 목적에 맞게 목소리의 높낮이를 섬세하게 조절하는 것이야말로 고객의 반응을 이끌어내는 핵심 기술이다.

2) 말의 속도는 지성의 리듬이다.

너무 빠른 말은 생각이 정리되지 않았다는 인상을 주며 당신을 조급하고 불안한 사람으로 보이게 한다. 너무 느린 말은 상대방의 인내심을 시험하며 당신을 답답하고 둔한 사람으로 오해하게 만든다. 진정한 고수는 의도적인 침묵과 멈춤을 전략적으로 사용하여 상대가 자신의 말에 집중하도록 설계한다. 속도를 정교하게 조율함으로써 당신은 고객의 몰입을 유도하고 메시지의 중요도를 조절할 수 있다.

3) 목소리의 크기는 영향력의 볼륨 스위치다.

모기 소리처럼 작은 목소리는 스스로의 메시지를 약하게 만드는 것과 같다. 힘없는 목소리에 귀 기울이는 고객은 없다. 반대로 고함에 가까운 목소리는 대화의 조화를 깨뜨리는 공격으로 느껴진다. 사람들은 당신과의 소통을 피하기 시작할 것이다. 공간의 크기와 상대와의 거리를 계산하여 가장 적절한 볼륨을 유지하는 것이 바로 능숙한 소통의 능력이다. 필요에 따라 볼륨을 조절하며 당신의 존재감과 메시지의 설득력을 극대화하라.

당신의 목소리를 재창조하라. 목소리는 타고나는 천성이 아니라 훈련으로 만들어지는 기술이다. 다음은 당신의 목소리를 평범한 소리에서 빛나는 가치로 바꾸는 연금술이다.

1) 아랫배를 목소리의 엔진으로 삼아라.

복식호흡은 목소리의 심장이다. 바닥에 누워 배 위에 책을 올려놓고 숨을 쉴 때 책이 오르내리는 것을 느껴라. 이것이 바로 목소리의 근원이다. 목구멍에서 쥐어짜는 소리는 하루살이처럼 금방 지쳐버린다. 아랫배 깊숙한 곳에서부터 뿜어져 나오는 소리만이 세상을 울리는 힘을 가진다. 견고한 엔진만이 강력한 추진력을 만들어낼 수 있다.

2) 혀와 입술에 근육을 붙여라.

부정확한 발음은 완벽한 설계도를 가지고 건물을 짓는데 규격

미달의 자재를 쓰는 것과 같다. '간장 공장 공장장' 같은 어려운 문장을 반복해서 읽어라. 이것은 혀를 위한 고중량 웨이트 트레이닝이다. 입에 볼펜을 물고 신문을 읽어라. 이것은 당신의 조음 기관에 장애물을 설치하여 더 강하게 단련하는 특수부대 훈련이다. 명확한 발음은 당신의 설계된 메시지를 정확히 전달하는 데 필수적인 요소다.

목소리 훈련은 단거리 달리기가 아니라 평생에 걸친 마라톤이다. 당신의 목소리는 나라는 사람의 가치를 세상에 조각하는 단 하나의 도구다. 무딘 칼날로 당신의 가치를 거칠게 깎아내리지 마라. 당신의 진짜 모습은 때로 나약한 목소리라는 틀에 갇혀 있다. 목소리를 능숙하게 조율하는 자가 관계를 이끌고, 세상에 긍정적인 영향을 미치며, 마침내 자기 자신을 완성한다. 이제 그 틀을 깨고 당신의 진정한 역량을 세상에 증명할 시간이다.

고객과의 대화, 그 한마디가 당신의 운명을 결정한다

서비스의 심장은
의사소통이다

보험회사 출신의 한 신입 팀원이 합류했다. 고객과 말하기를 두려워하지 않는 담대함은 가졌지만, 제품에 대한 깊은 이해나 엔지니어로서의 기술력은 솔직히 부족했다. 나는 언젠가 빠른 시일 내에 클레임이 걸릴 것이라 예상했다. 하지만 이 신입은 내 예상을 완전히 뒤엎었다. 그가 관리하는 제품의 재구독 전환율은 팀 내에서 가장 높았고 영업력 또한 상당히 우수했던 것이다. 도대체 그 비법이 무엇인지 자세히 관찰했다. 그와 첫 고객과의 만남은 남달랐다. 고객의 집에서 첫 대면 약속을 잡을 때부터 그는 남다른 대화를 시작했다. 기분 좋게 인사를 나누며 "제가 담당자이니 앞으로 잘 부탁드립니다"라는 당부의 인사를 먼저 건네는 것이었다. 이것은 단순히 고객의 기술적 문제를 해결하려는 접근이 아니었다.

이 신입의 사례는 내게 고객 서비스의 냉엄한 진실을 일깨웠다. 의사소통이 없는 고객 서비스는 존재할 수 없다. 고객이 당신의 서비스를 인식하고 경험하는 모든 순간은 의사소통을 통해 이루어지기 때문이다. 당신의 기술력이나 제품의 우수함은 고객과의 대화라는 관문을 통과해야만 비로소 가치를 얻는다.

의사소통은 마치 공기와 같다. 너무나 당연해서 평소에는 인식조차 못 하지만 단 1분만 없어도 모든 것이 정지되고 전체 서비스의 기능이 마비될 수 있다. 이 신입의 사례가 증명하듯 고객과의 첫 통화, 첫 대면은 단순한 정보 교환이 아니다. 그것은 당신과 당신 회사의 실력을 판가름하는 중요한 첫 관문이며, 모든 관계의 방향을 결정하는 섬세한 시작점과 같다.

여기서부터 모든 것이 결정된다. 우리는 언어를 통해 생각하는 존재다. 그러나 고객은 당신의 화려한 언어 능력을 평가하러 온 것이 아니다. 그들은 자신의 문제가 해결될 수 있는지, 당신이 믿을 만한 전문가인지를 탐색하러 온 것이다. 말 한마디로 천 냥 빚을 갚는 시대는 끝났다. 이제는 말 한마디로 회사를 살리거나 나락으로 떨어뜨리는 의사소통이 곧 서비스의 심장인 시대다.

신뢰는 모래성이고, 소통은 접착제다. 고객의 신뢰는 모래성과 같다. 쌓는 데는 수년이 걸리지만 무너지는 것은 한순간이다. 한

번 금이 간 신뢰는 다시 붙일 수 없다. 그렇다면 이 위태로운 성을 지키는 유일한 방법은 무엇인가? 그것이 바로 의사소통이다. 효과적인 의사소통은 모래알 같은 고객의 기대를 단단히 뭉쳐주는 강력한 접착제 역할을 한다. 고객이 자신의 목소리가 존중받고 있다고 느끼는 순간, 당신의 말에 진정으로 귀를 기울였다는 사실을 깨닫는 순간에 비로소 신뢰라는 성벽이 한층 더 견고하게 쌓이는 것이다. 이렇게 만족한 고객은 단순한 재구매자가 아니다. 그들은 당신을 위해 발 벗고 나서는 무급 홍보대사이자, 당신의 영토를 넓혀주는 가장 충성스러운 지원군이 된다.

올바른 의사소통을 위한 지식은 신뢰를 쌓아 올리는 가장 강력한 기반이다. 서비스 현장에서 우리는 반드시 절체절명의 순간을 맞이한다. 고객이 오랫동안 아껴 쓰던 제품이 마침내 수명을 다해 더 이상 수리조차 불가능한 상황이 벌어졌다. 고객에게 그 제품은 단순한 물건이 아니다. 오랜 시간 함께한 추억이자 분신이다. 이때 어설픈 위로나 상투적인 사과는 오히려 고객의 분노에 기름을 붓는 꼴이다. 이것은 지식의 유무가 관계의 성패를 가르는 중요한 시험대다. 여기서 당신의 진짜 실력이 드러난다. 제품에 대한 당신의 깊고 방대한 지식은 이 감정적인 위기를 돌파하고 신뢰를 구축할 유일한 수단이다. 그러나 이 지식이 고객에게 전달되고 공명될 때 비로소 그 힘을 발휘한다. 나는 이런 상황에서 내가 가진 지식이 얼마나 강력한 힘을 발휘하는지 뼈저리게 목격했다. 끊임없이 제품을 공부하고 파고들어 머릿속에 구축한 데이터베이스가 없었다면, 나는 고객 앞에서 입도 뻥긋 못 하는 무능한 직원으로 전락했을 것이다. 나는 단순히 고장 난 제품을 대체할 새 제품을 설명하는 데 그치지 않았다. 나의 지식을 고객과의 소통의 도구로 활용했다. 나는 고객이 사랑했던 구형 모델의 역사부터 시작했다. 그 기술이 어떻게 발전하여 새로운 모델의 어떤 기능으로 계승되었는지를 하나의 이야기로 엮어 설명했다. 나의 설명은 단순한 스펙 나열이 아니었다. 그것은 제품에 대한 나의 존중이자 고객의 추억에 대한 헌사였다. "어떻게 제품에 대해 그렇게까지 잘 알 수 있죠?"라는 고객의 질문은 놀라움이자 항복 선언이었다. 그 순간 나는 단순한 엔지니어에서 고객의 앞길을 밝혀주는 신뢰의 등대가 되었다. 고객은 나의 지식에 감동했다. 나의 전문성에 완전히 의지하게 되었고 재구매는 당연한 결과였다. 그 경험을 통해 나는 깨달았다. 지식에 기반한 의사소통이야말로 감정적인 반발을 넘어 가장 강력한 신뢰를 형성하는 핵심적인 연결고리라는 사실을.

소통은 기업 성장의 핵심 가치이자 모든 조직을 연결하는 중요한 힘이다. 고객 서비스에서 의사소통은 단순한 기술이 아니다. 그것은 기업의 생존과 성장을 결정하는 핵심 철학이 되어야 한다. 모든 직원이 고객의 작은 목소리 하나하나를 놓치지 않으려는 탐정의 집요함을 가질 때 회사는 비로소 진정한 고객 중심의 조직으로 거듭난다.

효과적인 의사소통은 기업의 문화적 근간이 되어야 한다. 그것은 회사의 모든 부서와 직원에게 흐르는 필수적인 동력이자 생명력이다. 고객의 피드백을 수집하고 분석하여 전사적으로 공유하는 시스템은 외부의 위험과 기회를 감지하는 회사의 중요한 감지 체계와 같다. 이 시스템이 마비된 회사는 시장의 변화에 둔감해지다가 결국 도태되고 만다. 고객의 목소리에 귀를 기울이는 문화는 단순히 고객만 만족시키는 것이 아니다. 직원에게 자부심을 주고, 회사에 대한 헌신을 끌어낸다. 이것이 바로 지속 가능한 성장을 이끄는 가장 강력한 동력이다. 고객과의 대화는 더 이상 선택이 아니다. 그것은 당신과 회사의 가치를 증명하고, 미래를 약속하는 유일한 길이다.

귀를 열고
고객의 의도는 장악하라

당신은 전문가이지, 감정의 하수구가 아니다. 고객 서비스의 본질을 착각해서는 안 된다. 당신의 역할은 고객의 비위를 맞추는 광대가 아니다. 일시적으로 기분을 풀어주는 진통제 판매원은 더더욱 아니다. 당신은 문제를 정확히 진단하고 해결책을 제시하는 전문가다. 비위를 맞추는 대화는 마약과 같다. 단기적으로는 고객의 불만을 잠재우고 상황을 편하게 만드는 것처럼 보인다. 하지만 그 효과가 사라지면 문제는 더욱 곪아 터지고 고객의 신뢰는 산산조각 난다. 진통제에 의존하다 병을 키우는 것과 똑같은 이치다.

적절한 의사소통은 때로 불편한 진실을 마주하게 하는 수술과 같다. 당장은 고통스러워도 문제의 근원을 확실하게 도려낸다. 그렇다면 어떻게 핵심을 관통하는가? 모든 해답은 경청에 있다. 여기서 말하는 경청은 단순히 고개를 끄덕이며 소리를 듣는 행위가 아니다. 그것은 고객의 말이라는 암호를 해독하여 그 안에 숨겨진 진짜 의도와 문제를 찾아내는 치열한 탐사 작업이다. 고객의 첫마디는 빙산의 일각에 불과하다. 수면 아래에 거대하게 숨어있는 진짜 문제와 욕구를 발견하는 것이 당신의 임무다. 경청은 당신이 구사할 수 있는 가장 능동적이고 본질적인 소통 방식이다. 당신이 귀를 여는 순간, 모든 정보가 당신에게 흘러들어오면서 대화의 주도권도 넘어오게 된다.

서비스 현장에서 고객의 불만을 마주하는 일은 피할 수 없는 현실이다. 격앙된 목소리로 항의 전화를 하는 고객부터, 고객 만족도 조사 시스템을 활용해 부정적인 메시지와 함께 차가운 점수로 평가를 남기는 고객까지 다양한 형태의 클레임과 컴플레인에 직면한다. 특히 감정이 격해진 고객의 경우 그의 목소리는 압박처럼 느껴지기도 한다. 하지만 놀라운 사실은 격앙된 목소리로 항의하는 고객들 대부분은 당신이 귀 기울여주는 것만으로도 화가 점차 가라앉는다는 것이다. 고객은 자신의 불편함이 존중받고 있으며, 이해받고 있다는 신호를 갈망한다. 단순히 고객의 말을 들어주는 것은 그저 친절한 응대가 아니다. 이는 고객의 감정적 에너지를 이해하고 해소하며, 상황을 전략적으로 진정시키는 가장 강력한 심리 설계의 첫 단계이다. 그의 감정적 에너지를 먼저 받아들이고 인정할 때 비로소 당신은 문제 해결이라는 다음 단계로 이끌 주도권을 확보하게 된다.

경청은 당신에게 세 가지 강력한 무기를 쥐여준다. 이 무기들을 통해 당신은 의사소통의 진정한 전문가로 거듭나게 수 있다.

1) 경청은 가장 정확한 진단 도구다.

고객의 말을 듣는 것은 의사가 환자의 신음 소리를 듣는 것과 같다. 어디가 어떻게 아픈지 정확히 들어야만 올바른 처방을 내릴 수 있다. 제대로 듣지도 않고 어설픈 해결책을 남발하는 것은 환자에게 아무 약이나 던져주는 돌팔이 의사와 다를 바 없다. 고객의 말속에 담긴 사실, 감정, 배경을 완벽히 흡수해야 문제의 본질이 선명하게 보인다. 이 본질 파악이 모든 해결의 시작점이다.

2) 경청은 신뢰라는 화폐를 발행한다.

고객은 자신의 말이 존중받고 있다고 느끼는 순간부터 당신을 신뢰하기 시작한다. 진정한 경청은 당신이 고객의 편이라는 가장 확실한 증거다. 이렇게 쌓인 신뢰는 어떤 불만이나 갈등 상황에서도 당신의 말을 믿게 만드는 가장 강력한 자산이 된다. 비위를 맞추는 말로 얻은 값싼 동의는 위조지폐와 같아서 결정적인 순간에 아무런 힘을 발휘하지 못한다. 경청으로 만들어진 신뢰는 언어를 넘어선 강력한 연결 고리다.

3) 경청은 미래를 보는 전략적 통찰이다.

고객의 불평과 요구는 당신과 회사의 약점을 알려주는 가장 정직한 보고서다. 그것은 동시에 시장이 어디로 움직이는지를 보여주는 미래의 나침반이다. 당신의 경쟁자를 압도할 전략적 통찰을 제공한다. 대다수의 기업은 이 값비싼 정보를 무시하고 처리하기 급급하다. 진정으로 경청하는 자만이 이 보고서를 해독하여 경쟁자보다 한발 앞서 혁신하고 시장을 선도할 기회를 잡는다. 이는 단순한 미덕이 아니라 치밀한 미래 예측 기술이다. 경청은 치열한 비즈니스 환경에서 승리하기 위한 가장 기본적이면서도 강력한 전략적 무기다. 귀를 열어 고객의 본질을 이해하는 자가 관계를 주도하고, 나아가 시장을 이끌게 된다. 당신의 성공은 고객의 목소리에 얼마나 귀를 열었는가에 달려있다.

고객 기대를 배신하고
감동을 폭발시켜라

'고객만족(CS)'이라는 단어는 이제 시대에 뒤떨어진 개념이다. 현대 비즈니스 환경에서 고객 만족은 평범함을 추구하는 자들이 되뇌는 주문에 불과하다. 평범한 품질, 예측 가능한 서비스로는 당신의 존재를 아무도 기억하지 못한다. 진정한 승리자들은 고객을 만족시키는 데서 멈추지 않는다. 그들은 고객의 예상을 완전히 넘어서는 경험을 선사하고 그 자리에 감동과 경이로움을 깊이 심어 넣는다.

동료 중에 고객 만족도 조사(CSI)에서 거의 항상 100점을 유지하는 이가 있다. 그는 단순히 뛰어난 기술자가 아니라 고객의 마음을 움직이는 심리 기술자다. 그의 무기는 거창한 것이 아닌, 고객의 사소한 모든 것을 전산에 꼼꼼히 기록한다는 것이었다. 아이의 이름, 키우는 강아지, 최근에 들인 화초까지. 즉, 그는 고객을 한 명의 인간으로 완벽하게 기억하려 노력한다. 그리고 다음 방문 때 그 기억을 활용해 대화의 물꼬를 튼다. 그의 진짜 결정타는 무엇이었을까? 서비스가 끝난 뒤 그는 자신의 주머니를 털어 마련한 작은 판촉물을 고객과 눈을 맞추며 건넸다. 이것은 단순한 선물이 아니었다. '나는 당신을 이만큼 생각하고 기억하고 있습니다.'라는 무언의 선언이자 고객과의 관계를 더 깊게 만드는 강력한 연결점이었다. 그는 기술로 제품을 수리하는 것이 아니라 이처럼 세심한 관심으로 인간관계를 구축했다. 이는 고객의 예상을 넘어선, 기대 배신을 통해 충성도를 확보하는 전략의 완벽한 예시였다.

기대를 배신하는
5가지 전략적 기술

고객의 마음에 잊지 못할 긍정적 충격을 선사하는 방법은 정해져 있다. 다음은 평범한 서비스를 압도적인 경험으로 바꾸는 5가지 핵심 기술이다.

1) 일대일 맞춤 소통으로 고객의 중심에 서라.

고객을 단지 숫자로 취급하는 순간, 당신은 그들을 잃게 된다. 고객의 이름, 과거 이력, 취향을 바탕으로 오직 그 한 사람만을 위한 메시지를 던져라. 모든 고객은 자신이 세상의 중심이라고 믿고 싶어 한다. 당신의 개인화된 접근은 그 믿음을 현실로 만들어 주는 가장 효과적인 방법이다. 고객은 '나만을 위한' 소통에서 특별함을 느끼고 깊이 공감한다.

2) 미래 예측으로 고객의 걱정을 먼저 덜어내라.

문제가 터진 뒤에 수습하는 것은 수동적인 대응에 불과하다. 진정한 전문가는 문제가 발생하기 전에 미리 예측하고, 고객에게 먼저 안내하여 선제적으로 대응하는 전략을 구사한다.

만약 나중에 생길 수 있는 문제나 불편함에 대해 사전에 안내가 되었다면, 고객은 이미 정보를 받았다는 사실을 인지하며 당신의 통찰력과 신뢰에 깊이 공감하게 될 것이다. 사전안내를 통해 당신은 단순한 서비스 제공자를 넘어, 고객의 미래를 관리하고 보호하는 믿음직한 파트너가 된다. 이는 고객에게 압도적인 안심과 만족을 선사할 것이다.

3) 완전한 투명성으로 고객의 신뢰를 확보하라.

문제가 발생했을 때 숨기거나 변명하려 하지 마라. 오히려 당신의 모든 것을 드러내고 가장 먼저 당신의 실수를 인정해라. 문제의 원인, 해결 과정, 예상되는 결과를 투명하게 공유하는 것은 극단적인 자신감의 표현이다. 이런 솔직함 앞에서 고객의 불신은 녹아내리고, 그 자리에는 어떤 역경에도 흔들리지 않을 강력한 신뢰가 자리 잡는다.

4) 감정의 동기화로 관계의 깊이를 더하라.

고객의 감정 주파수에 당신의 주파수를 맞춰라. 고객이 어려움을 겪고 있다면 당신은 함께 고민하는 든든한 동반자가 되어야 한다. 고객이 기쁜 날을 맞았다면 당신은 진심으로 축하하는 친구가 되어야 한다. 이성적인 해결책을 제시하기 전에 감정적인 연결고리를 먼저 만들어라. 이것이 관계를 강철처럼 단단하게 만든다.

5) 예측 불가능한 가치로 고객을 감동시켜라.

고객이 요청한 것보다 딱 한 발짝만 더 나아가라. 예상치 못한 무료 업그레이드, 생각지도 못한 작은 선물, 약속보다 훨씬 빠른 처리 속도는 고객의 뇌리에 충격과도 같은 긍정적 경험을 각인시킨다. 예측 가능한 친절은 곧 잊혀지지만, 예측 불가능한 감동은 고객과의 평생 관계를 만드는 강력한 이야깃거리가 된다.

당신은 경험을 조각하는 예술가, 고객의 마음을 감동으로 폭발시켜라.

평범한 서비스는 결코 기억되지 않는다. 오직 기대를 배신하고 예측을 뛰어넘어 감동을 폭발시키는 예술적인 서비스만이 고객의 마음에 깊이 각인되며 전설이 된다. 당신은 더 이상 단순한 기술자가 아니다. 고객의 기대치를 날카롭게 분석하고, 심리를 섬세하게 이해하며, 그를 위해 잊지 못할 경험을 조각하는 예술가가 되어야 한다. 고객의 마음속 깊이 감동의 폭죽을 터뜨리는 순간, 당신은 강력한 브랜드와 흔들림 없는 충성도를 구축하고 당신의 진정한 가치를 증명할 것이다.

대화만으로 당신의 열렬한 지지자를 만들어라

고객은 당신에게 돈을 지불하지만 열렬한 지지자는 당신의 가장 강력한 옹호자이자 든든한 동반자가 된다. 충성 고객이라는 진부한 개념은 이제 과감히 전환하라. 그것은 단순히 당신의 물건을 몇 번 더 구매하는 고객을 지칭하는 그 진정한 가치를 담아내지 못하는 한정적인 표현에 불과하다. 우리가 창조해야 할 존재는 바로 당신 브랜드의 열렬한 지지자다. 열렬한 지지자는 단순히 소비하는 것을 넘어 당신의 철학에 동참하고, 당신의 성공을 자신의 성공처럼 여기는 능동적인 존재다. 그들은 당신의 존재 이유와 가치를 고객의 정체성 속에 심어 넣은 결과물이다.

일반 고객은 가격을 비교하지만 열렬한 지지자는 당신의 가격을 변호한다. 일반 고객은 제품을 구매하지만 열렬한 지지자는 주변의 모든 이들에게 당신의 가치를 적극적으로 알리며 새로운 연결을 만들어낸다. 평범한 기업은 고객 명단을 만들지만 위대한 기업은 확고한 지지자들의 공동체를 구축한다. 신규 고객을 유치하는 것은 끊임없는 투자와 노력을 요구하는 도전적인 여정이다. 마케팅 자원은 끊임없이 유동하고, 영업 활동은 지속적인 에너지를 요구하며, 비즈니스는 늘 역동적인 항해를 이어간다. 하지만 기존 고객을 열렬한 지지자로 바꾸는 것은 그 잠재적 허점을 황금으로 꼼꼼히 메우는 매우 가치 있는 작업이다. 한번 제대로 메워진 충성심은 시장의 그 어떤 태풍에도 흔들리지 않는 견고한 균형추가 된다.

이 모든 연금술의 시작과 끝은 바로 진솔한 대화라는 뜨거운 용광로에서 이루어진다. 진솔함은 가장 계산적이고 치명적인 유혹의 기술이다. 고객을 당신의 열렬한 지지자로 만들기 위해 거창한 마케팅이나 값싼 할인 행사는 필요 없다. 인간의 가장 원초적인 본능인 신뢰를 향해, 오직 정직이라는 이름의 나침반을 들고 진심으로 다가가라.

이 4가지 대화 전략은 단순히 고객을 만족시키는 것을 넘어선다. 고객 스스로가 당신의 브랜드나 서비스를 자신의 일부로 받아들이게 하는 심리적 기제를 활성화한다. 당신의 말 한마디 한마디가 고객에게 소속감과 인정, 그리고 자부심을 제공하며, 이는 강력한 지지자로의 전환을 이끈다.

1) 선제적 투명성으로 신뢰를 확보하라.

대부분의 기업은 정책과 규정이라는 철갑옷을 입고 고객을 대한다. 진솔한 대화는 당신의 그 갑옷을 먼저 벗어 던지고 고객 앞에서 맨살을 드러내는 극단적인 행위다. 당신의 한계와 실수를 정직하게, 심지어 고객이 묻기 전에 먼저 고백하라. 예를 들어 서비스의 알려진 약점이나 과거의 미흡했던 점을 당신이 먼저 언급하는 것이다. 이 자발적인 투명성 선언은 너무나 예상 밖이어서, 오히려 고객의 경계심이라는 방패를 강제로 내려놓게 만든다. 그들은 당신을 완전무결한 존재가 아닌, 인간적인 면모를 가진 신뢰할 수 있는 파트너로 인식하기 시작한다. 당신의 투명함이 곧 당신의 가장 강력한 신뢰 무기가 될 것이다.

2) 현실 직시로 고객을 현명한 조언자로 격상시켜라.

달콤한 약속으로 고객을 유혹하지 마라. 그것은 희망이 아니라 곧 터져버릴 시한폭탄이다. 오히려 당신 제품의 단점이나 한계를 먼저 언급함으로써, 고객의 비현실적인 기대라는 환상 앞에 현실이라는 튼튼한 댐을 건설하라. "이 제품은 초기 설정이 다소 복잡할 수 있습니다만, 제가 그 과정을 상세히 안내해 드립니다." 또는 "현재 이 기능은 제공되지 않지만, 고객님의 의견을 반영하여 다음 업데이트에 적극 검토할 예정입니다."와 같이 말이다. 이러한 솔직한 정보는 고객에게 신뢰할 만한 전문가라는 충격을 준다. 그 충격의 순간, 당신은 물건을 파는 단순한 판매자에서 고객의 이익을 대변하는 신뢰의 파트너로 역할이 격상된다. 이것은 판매를 위한 짧은 게임이 아니라, 관계를 위한 긴 게임이다.

3) 관계의 역사가가 되어 고객에게 특별함을 각인시켜라.

고객의 이름을 외우는 것은 기술이 아니라 기본이다. 진정한 개인화는 고객과 당신의 관계가 쌓아온 역사를 기억하고 대화 속에 언급하는 것이다. "지난번 상담 때 말씀하셨던 그 문제, 잘 해결되셨는지요?", "고객님의 가족분께서 전에 좋아하셨던 기능이 이번 모델에 더 강화되었습니다."와 같이 지난번에 그가 겪었던 문제, 그의 가족이 가졌던 불만, 그가 특별히 칭찬했던 지점을 대화 속에 자연스럽게 녹여내라. 당신은 그의 데이터를 관리하는 기계가 아니라, 그의 개인사를 존중하고 기억하는 역사가가 되어야 한다. 이 기억의 증거 앞에서 고객은 자신이 특별한 존재임을 인정받고 당신에게 감정적으로 깊이 연결될 것이다.

4) 관계의 정원사가 되어 고객과의 유대감을 경작하라.

고객과의 관계는 사냥의 전리품이 아니라, 끊임없이 가꿔야 할 정원과 같다. 사냥꾼은 사냥이 끝나면 떠나지만, 정원사는 매일 물을 주고 잡초를 뽑으며 열매를 기다린다. 문제가 있을 때만 연락하는 것은 시든 나무에 뒤늦게 물을 주는 것과 같다. 영업과 직결되지 않는 순수한 의도로, 꾸준한 안부와 사소하지만 가치 있는 정보 제공을 실천하라. "최근 저희 서비스에 이러한 업데이트가 있었는데, 고객님께 유용할 것 같아 미리 알려드립니다"와 같이 말이다. 당신이 항상 그들의 정원을 돌보고 있음을 증명하라. 그 정원에서 자라난 열렬한 지지라는 열매는 결코 시들지 않는다.

이 4가지 대화 전략을 통해 당신은 단순히 고객을 만족시키는 것을 넘어, 그들을 당신의 철학과 가치를 적극적으로 지지하는 열렬한 옹호자로 만들 수 있다. 그들은 당신의 가장 든든한 동반자가 되어줄 것이며, 당신의 서비스와 브랜드는 그들의 입소문을 통해 견고한 성장 기반을 마련할 것이다. 이 책의 모든 페이지를

당신의 가장 강력한 대화 무기로 삼아, 당신만의 열렬한 지지자

공동체를 구축하라.

어설픈 공감은
관계를 망치는 치명적 언어

고객과의 대화에서 우리는 때때로 오해와 갈등의 순간을 마주한다. 순수한 의도로 시작한 대화가 예상치 못한 방향으로 흘러 싸움처럼 느껴지기도 한다. 이러한 위험한 외줄타기 속에서 당신의 모든 능력을 시험하는 치명적인 함정이 있다. 그것은 바로 어설픈 공감이다. 대화의 본질을 꿰뚫지 못하는 이들은 공감을 위로의 묘약으로 착각하지만 실상은 관계를 손상시키는 독이다.

어설픈 공감은 위로가 아닌 마음을 닫게 하는 행위

입사 초기 CS는 무조건 고객에게 친절하고 웃어야 한다는 위험한 착각 속에 업무에 적응하고 있었다. 잦은 고장으로 제품에 대한 깊은 불신을 가진 고객과 통화하던 어느 날이었다. 얼굴을 대면하지 않은 채 수화기 너머의 고객에게 나는 듣고 있다는 신호만을 보내려 "네, 네. 아... 그러셨구나."를 기계적으로 반복했다. 나의 무심하고 형식적인 반응이 채 끝나기도 전 수화기 너머에서 고객의 격렬한 언성이 폭발했다. "지금 나랑 통화하면서 너무 기계적으로 듣고만 있는 거 아니야! 듣고 있는 거 맞아요?"

이 통화는 나에게 깊은 충격과 함께 냉혹한 진실을 안겨주었다. 그리고 미국의 유명한 작가이자 쇼호스트인 셀레스테 해들리의 말이 마치 벼락처럼 머릿속을 강타했다. 그녀는 공감에 어설프게 집착하는 것이 오히려 대화를 파멸로 이끄는 지름길이라고 경고했다. 즉, 순수한 의도로 시작한 고객과의 대화를 싸움으로 몰고 간 것은 다름 아닌 나의 어설프고 거짓된 공감이었음을 알게 되었다. 이처럼 당신의 어설픈 공감은 때로는 갈등의 불씨가 될 수 있는 것이 소통의 냉정한 현실이다.

갈등을 관계 성장의 기회로 만드는 4가지 섬세한 규칙

갈등은 관계의 미성숙한 부분을 드러내는 명백한 경고 신호와 같다. 방치하면 관계는 점차 병들고 결국 단절될 수 있다. 하지만 정확하고 섬세한 대화를 통해 그 핵심을 해결한다면, 관계는 이전보다 더 건강하고 성숙하게 회복될 수 있다. 대화를 감정 싸움이 아닌, 관계를 성장시키는 전략적 예술로 바꾸기 위해서는 아래 4가지 규칙이 필요하다.

1) 첫 번째 규칙, 갈등의 본질을 정확히 해독하라.

갈등이 표출된 순간 당신의 감정에 휘둘리지 말고 냉철한 마음으로 문제의 본질을 깊이 들여다보라. 분노나 눈물이라는 겉모습을 넘어 갈등의 진짜 원인, 즉 충족되지 못한 욕구라는 핵심을 찾아내야 한다. 표면적인 말다툼이 아니라 어떤 기대가 무너졌고, 어떤 가치가 훼손되었는지를 명확히 진단해야 비로소 진정한 해결이 시작된다. 문제의 근원을 정확히 아는 것이 모든 전략의 출발점이다.

2) 두 번째 규칙, 날 선 비난을 진정한 욕구로 번역하라.

소통에서 비난의 언어는 마치 거친 장애물과 같다. 예를 들어

"너는 왜 맨날 그 모양이냐!"라는 원색적인 비난 뒤에는 "나는 너의 그런 행동 때문에 내 노력이 무시당하는 기분이 들어서 너무나 외롭고 불안하다."와 같이 솔직한 감정과 그 이면의 욕구가 숨어있다. 당신은 고객의 날 선 비난을 듣는 순간 그의 감정 너머에 있는 진짜 욕구를 정직한 언어로 번역해야 한다. 당신의 진정한 마음을 먼저 드러내고 고객의 숨겨진 욕구를 이해하려는 이 번역 작업이야말로 상대방의 방어벽을 단번에 허물고 대화의 문을 활짝 여는 마스터키다.

3) 세 번째 규칙, 새로운 관계의 장을 함께 설계하라.

갈등 해결은 누가 더 많이 양보하는가를 겨루는 패배의 게임이 아니다. 그것은 문제로 인해 잠시 흔들렸던 관계 위에서 양쪽 모두가 이전보다 더 만족스럽고 건강하게 소통할 수 있는 새로운 규칙과 시스템, 즉 새로운 장을 함께 설계하는 창조적인 작업이다. 과거로 되돌아가는 것이 아니라 갈등을 통해 얻은 소중한 통찰로 관계를 다음 단계로 한층 업그레이드하는 것이다.

이처럼 갈등을 관계 성장의 기회로 삼아, 이전보다 더욱 견고하고 만족스러운 관계를 함께 구축할 수 있어야 한다.

4) 네 번째 규칙, 지난 어려움의 흔적을 마음에서 지워라.

용서는 상대를 위한 값싼 행위가 아니다. 그것은 과거라는 아픔의 굴레에서 당신 자신을 해방시켜 미래로 나아가게 하는 지극히 고귀하고 자기 주도적인 행위다. 갈등이 해결되었다면 그 어려웠던 순간의 기억을 당신의 마음속에서 완전히 지워버려라. 해결된 과거의 문제로 현재의 상대를 다시 몰아세우는 것은 이미 끝난 재판의 판결을 뒤늦게 끄집어내어 관계를 다시 악화시키는 것과 같은 가장 어리석고 잔인한 행동이다. 진정한 설계자는 지난 실패에서 배우되 그 잔상에 갇히지 않는다.

대화는 예술이자 전략, 당신이 그 결말을 설계하라.

지금까지 우리는 어설픈 공감이 대화를 어떻게 관계 악화로 이끄는지 목격했다. 그리고 갈등이라는 거친 불협화음을 오히려 관계 성장의 강력한 기회로 전환하는 4가지 냉혹하고도 섬세한 규칙들을 파고들었다. 이것은 단순히 싸움을 멈추는 기술이 아니다. 이것은 갈등을 당신의 의지대로 조율하고 그 안에서 새로운 가치와 깊은 신뢰를 창조해내는 대화의 연금술이자 고도의 예술이다. 당신은 더 이상 대화의 희생자가 아니다. 오히려 고객과의 갈등이라는 가장 위험한 무대에서 모두를 만족시키는 결말을 창조해낼 수 있는 유일한 설계자다. 기억하라. 갈등은 피할 수 없는 현실이다.

하지만 그 갈등이 관계의 손상으로 끝날지 아니면 관계를 더욱 강력하게 만드는 촉매제가 될지는 오직 당신의 손에 달렸다. 고객과의 대화가 싸움으로 번지려 할 때 망설이지 말고 이 규칙들을 꺼내들어라. 그들의 감정이라는 불꽃을 다스리고, 관계라는 실타래를 당신의 의지대로 풀어내라.

이제 대화는 더 이상 당신을 짓누르는 숙제가 아니다. 그것은 당신의 영향력을 증명하고 고객의 마음을 완벽히 이끌며, 당신의 비즈니스를 불멸의 반석 위에 올려놓을 가장 강력한 무기다. 가서 당신의 대화를 주도하라. 그리고 당신의 세계를 건설하라.

질문으로
대화를 주도하라

당신의 질문이
당신의 수준을 결정한다.

우리는 매일 대화의 무덤을 파는 어리석은 질문을 던진다. "예" 아니면 "아니오"로 끝나는 질문, 즉 닫힌 질문은 대화의 숨통을 끊는 단두대와 같다. "영업하나요?", "이거 맞나요?" 같은 질문은 상대방의 뇌를 잠가 버리고 당신을 단순한 정보 수집가로 전락시킨다. 이런 질문은 필요한 정보를 얻을 수는 있겠지만, 그 이상의 어떤 가치, 즉 관계나 신뢰, 더 깊은 정보는 절대로 얻을 수 없다. 열린 질문은 상대방의 사고를 자극하는 강력한 촉매이자, 잠긴

문을 모조리 열어젖히는 마스터키다. 열린 질문은 정해진 답이 없다. 그것은 상대방에게 자신의 생각과 감정 경험이라는 광활한 영토의 지도를 직접 그리게 만드는 것이다. 당신은 질문 하나로 상대방의 머릿속에 들어가 그가 가진 모든 정보를 자발적으로 꺼내 오게 만드는 탐사선을 보내는 것과 같다. 서비스의 질이 기업의 생사를 가르는 이 치열한 전장에서 열린 질문은 당신이 가진 가장 정교하고 강력한 무기다.

고객의 마음을 여는 열린 질문, 그 압도적인 힘

변화하는 회사의 구조와 녹록지 않은 국내 경제 상황은, 내게 끊임없이 증가하는 판매 목표에 대한 깊은 고민을 안겨주었다. 전략 지표가 보여주는 실적은 단순한 숫자가 아니다. 그것은 팀원들이 기필코 이루어내야 할 성과이자 동시에 감당해야 할 압박이었다. 신제품 제안 앞에서 팀원들은 늘 부담과 마주했다. "고객에게 어떻게 입을 열고 신제품을 추천해야 할까?" 바로 이것이 그들이 직면한 깊은 고민이자 냉혹한 현실이었다.

마케팅 분야에서 제품을 판매할 때 카탈로그와 판촉물을 들이미는 제안 스킬은 이제 박물관에나 가야 할 90년대 유물이다. 고객은 더 이상 그런 시대착오적인 방식에 반응하지 않는다. 지나간 시대의 이야기일 뿐이다. 이제는 고객 서비스(CS)를 넘어 고객 경험(CX)이라는 시대로 진입했다. 고객에게 일방적으로 팔려하는 것이 아니라 고객의 삶에 어떤 가치와 경험을 더할 수 있는지를 제안하는 것이 비즈니스에서 압도적인 성과를 내는 시대다. CX 시대에 팀원들이 신제품 제안을 두려워하는 것은 어쩌면 당연하다. 그들은 구시대의 무기로 새로운 시대의 전투에 나서는 것과 다름없기 때문이다. 그들이 진짜 두려워하는 것은 단순히 거절이 아니다. 그것은 고객의 외면, 즉 자신의 말이 고객에게 단 한 뼘도 가닿지 않는 처절한 무력감이다.

재구매 전환율이 바닥을 쳤던 시기가 있었다. 그땐 고객만족도(CSI) 점수도 엉망이었다. 끊임없는 회의를 몇 차례 거치며 팀원들과의 소통에서 한 가지 결정적인 실마리를 찾았다. 나는 그들에게 고객과 대면했을 때 현재 사용 중인 제품에 대해 먼저 사용해보니 어땠는지와 같은 질문을 시작하라고 조언했다. 하지만 처음엔 다들 불평했다. "불편한 점 없으셨나요?"라고 물었더니, 고객이 "네" 또는 "아니오"라고만 단답한다는 것이다. 고객의 입은 굳게 닫혀 있었다. 나는 그들에게 질문법을 바꾸라고 단호히 지시했다. 단 하나의 질문만을 던져라. 고객이 단답형식으로 답변할 수 없는 질문으로 바꾸자고 제안했다.

"이 제품 사용해보니 어떠셨어요?"

놀라운 변화가 시작됐다. 단 하나의 열린 질문으로 고객의 굳게 닫혔던 말문이 활짝 트이고, 제품에 대한 경험과 솔직한 의견이 폭포수처럼 쏟아져 나오기 시작했다. 고객의 진짜 니즈와 불편함이 명확히 드러났다. 이 질문법을 업무에 적용한 팀원들은 고객의 속마음을 파악했고, 그제야 자신감 있게 그 다음 제안할 더 사양이 좋은 제품이나 새로운 가치를 추천할 수 있었다고 입을 모았다. 이 경험은 고객과의 대화가 단순한 소통을 넘어선 치밀한 설계와 정교한 전략을 요구한다는 것을 나에게 증명했다. 제안의 마법을 걸 수 있는 열린 질문이라는 마스터키를 당신의 무기고에 반드시 갖춰라. 당신은 고객에게 최고의 경험을 제공하고 그들이 기꺼이 당신의 곁에 머물도록 만들어야 한다.

열린 질문이 만드는 3가지 강력한 전략적 성과

열린 질문은 단순한 화술을 넘어, 당신을 고객 관계의 핵심 주도자로 만든다.

1) 정보의 수확자로 만든다.

열린 질문은 상대방의 단편적인 대답이 아닌, 생각의 전체적인 맥락을 수확하게 한다. 당신은 상대방을 스스로 모든 것을 털어놓는 자발적인 정보원으로 만든다. 그들의 불만, 숨겨진 욕구, 미래의 계획까지, 당신은 질문 하나로 그 모든 것을 당신의 데이터베이스에 저장한다. 이는 고객을 깊이 이해하고 맞춤형 솔루션을 제공하는 기반이 된다.

2) 당신을 신뢰의 설계자로 만든다.

열린 질문은 "나는 당신의 대답보다 당신의 생각이 궁금하다"라는 가장 강력한 존중의 표현이다. 이 지적인 존중 앞에서 상대방의 경계심은 무너진다. 당신이 그들의 생각에 진심으로 관심을 보이는 순간, 그들은 당신을 단순한 대화 상대가 아니라 자신의 가치를 알아주는 동맹으로 인식하고 마음의 문을 연다.

3) 당신을 상황의 주도자로 만든다.

열린 질문은 문제 해결의 책임을 상대방에게 우아하게 넘기는 기술이다. 당신이 해결책을 일방적으로 제시하는 대신, 상대방이 스스로 해결책을 찾도록 유도함으로써 그에게 상황에 대한 주도권을 줬다는 전략적 착각을 심어준다. 그들은 스스로 문제를 해결했다고 느끼지만, 사실 그 모든 과정은 당신의 질문 하나로 섬세하게 설계된 것이다.

아마추어의 질문을
프로의 질문으로 바꾸는 실전 기술

상황에 따른 질문 바꾸기 예시

1) 상황: 불만 고객을 상대할 때

- **아마추어의 닫힌 질문:** "서비스에 문제가 있었습니까?"
- **프로의 열린 질문:** "기대하셨던 저희 서비스와 실제 경험 사이에 어떤 차이가 있었는지 구체적으로 말씀해주시겠습니까?"

[효과] 단순한 불만 접수가 아니라, 고객의 기대치와 문제의 본질을 한번에 파악하는 컨설팅으로 대화의 질을 바꾼다.

2) 상황: 첫 만남에서 어색함을 깰 때

- **아마추어의 닫힌 질문:** "주말 잘 보내셨어요?"
- **프로의 열린 질문:** "이번 주말에 하셨던 일 중에 가장 인상 깊었던 것은 무엇이었나요?"

[효과] 의례적인 인사를 상대의 경험과 감정을 공유하는 깊이 있는 이야기의 시작점으로 전환한다.

3) 상황: 팀 회의에서 아이디어를 구할 때

- **아마추어의 닫힌 질문:** "제 의견에 찬성하십니까?"
- **프로의 열린 질문:** "이 아이디어를 현실로 만들기 위해 우리가 가장 먼저 해결해야 할 난관은 무엇이라고 생각하십니까?"

[효과] 단순한 동의 요구를 집단 지성을 활용한 문제 해결 과정으로 전환시켜 팀원들의 적극적인 참여를 이끌어낸다.

질문은 단순한 의사소통 기술이 아니다. 그것은 타인의 생각을 당신이 원하는 방향으로 이끄는 가장 정교한 권력의 기술이다. 닫힌 질문으로 대화의 문을 걸어 잠그지 마라. 열린 질문으로 상대의 세계로 들어가, 당신이 원하는 것을 스스로 내놓게 만들어라. 세상을 주도하는 자는 정답을 아는 자가 아니라, 최고의 질문을 설계하고 던지는 자다.

고객의 MBTI를 간파하고, 그들의 마음을 설계하라

서비스 전략을 주도하는 첫 수: 외향형/내향형 파악하기

마음을 움직이는 서비스라는 감상적인 환상에서 벗어나라. 이것은 예술이 아니라 치밀한 심리전이다. 고객은 존중받고 싶어하는 순진한 존재가 아니다. 그들은 자신의 욕구를 가장 효율적으로 채워줄 사람을 끊임없이 탐색하는 이기적인 존재다. 당신의 임무는 그들의 마음을 어루만지는 것이 아니라, 그들의 심리적 약점을 정확히 파악하고 예측 가능한 행동 패턴으로 유도하여, 당신의 충실한 지지자로 만드는 것이다. 이 심리전의 가장 첫 번째 단계는 바로 고객의 운영체제, 즉 MBTI를 해킹하는 것이다. MBTI는 유치한 성격 테스트가 아니다. 그것은 인간이라는 복잡한 기계를 작동시키는 사용자 매뉴얼이자, 그들의 정신에 접근하는 가장 빠른 루트킷이다. 당신이 다른 서비스 제공자들을 압도하는 특별한 존재가 되고 싶다면, MBTI라는 치트키를 통해 고객의 정신 구조를 들여다보고 그들의 숨겨진 욕망을 충족시키는 서비스를 설계하라.

E와 I, 고객의 에너지 주파수를 통역하라.

모든 고객의 마음을 여는 만능열쇠 따위는 존재하지 않는다. 하지만 고객의 유형을 단 두 가지로 나누는 것만으로도 그들과 소통하고 관계를 설계하는 당신의 성공률은 극적으로 치솟는다. 그것은 바로 MBTI의 가장 원초적인 코드, 외향(E)과 내향(I)을 구분하는 것이다. 이 둘을 구분하는 것은 단순한 성격 분류가 아니다. 그것은 고객의 에너지 흐름과 소통 방식을 읽어내는 정밀한 작업과 같다. 당신은 고객에게 MBTI가 무엇이냐고 물어볼 필요가 없다. 당신의 눈과 귀가 바로 상대의 코드를 읽는 스캐너다. 스캐너를 켜고 상대를 즉시 판독하라.

1) E 유형 (외향형) 판독법: 에너지 넘치는 소통의 중심

외향형 고객은 외부와의 활발한 상호작용에서 에너지를 얻는 사람들이다. 그들은 마치 에너지를 품고 있는 태양처럼, 먼저 다가와 자신의 존재감을 드러내고 대화의 중심에 서는 것을 즐긴다. 목소리는 에너지가 넘치고, 표정과 몸짓은 크고 화려하다. 그들은 외부의 반응과 관심을 통해 자신의 활력을 채우며, 당신이라는 거울에 자신을 비춰보며 존재감을 확인한다.

2) I 유형 (내향형) 판독법: 깊은 사색을 통한 이해의 심연

내향형 고객은 내면의 고요함 속에서 에너지를 충전하는 사람들이다. 그들은 마치 고요한 호수처럼, 먼저 나서기보다 조용히 상황을 관찰하며 신중하게 정보를 처리하는 데 집중한다. 당신이 먼저 말을 걸기 전까지는 침묵을 유지하는 경향이 있으며, 목소리는 차분하고 불필요한 움직임이 적다. 그들은 혼자만의 조용한 사색을 통해 에너지를 얻으며, 과도한 관심이나 침범은 오히려 위협으로 간주한다.

판독이 끝났다면, 이제 심리를 조종하라.

3) E 유형 공략법: 에너지 증폭과 무대 제공 E 유형에게 최고의 서비스는 당신이 그의 가장 열광적인 팬이 되어주는 것이다.

그의 에너지 레벨에 당신의 에너지를 맞추고, 오히려 한 단계 더 증폭시켜라. 그의 의견에 적극적으로 맞장구를 치고, 그의 선택을 칭찬하며, 그를 대화의 주인공으로 만들어라. 당신이라는 완벽한 청중 앞에서 신이 난 그는, 당신을 자신의 가치를 알아주는 최고의 파트너로 인식하고 무한한 신뢰를 보낼 것이다.

4) I 유형 공략법: 정보 제공과 안전한 공간 존중 I 유형에게 과도한 친절과 미소는 소음이자 침범이다.

그에게 다가가기 전에 먼저 심리적 안전거리를 확보하라. 불필요한 스몰토크로 그의 에너지를 빼앗지 마라. 대신 당신은 감정이 배제된 유능한 정보 제공자가 되어야 한다. 필요한 정보를 군더더기 없이 명확하게 전달한 뒤, 그가 스스로 생각하고 결정할 수 있는 공간과 시간을 충분히 제공하라. 당신의 침묵과 존중은 그에게 최고의 배려로 느껴질 것이며, 당신을 시끄러운 세상 속에서 유일하게 믿을 수 있는 전문가로 각인시킬 것이다.

MBTI는 완벽한 과학이 아니다. 하지만 이것은 어둠 속에서 고객의 성향을 식별하게 해주는 가장 효과적인 도구다. MBTI를 완벽하게 맞추는 것보다 중요한 것은, MBTI를 통해 상대의 성향을 예측하고 그들을 이끌어가려는 당신의 '전략적 의지'다. 이 의도적인 노력은 고객에게 '나는 당신에게 완벽히 이해받고 통제되고 있다'는 무의식적인 안정감과 깊은 감동을 선사한다. 진정한 고객 서비스는 이제부터 시작이며 감동이 아니라 지배의 여정이다.

E(외향형), I(내향형) 유형에 맞는 감정지휘자가 되어라

고객의 감정은 전략적으로 활용해야 할 핵심 요소

고객 서비스 현장은 감정의 혼란이 아니다. 그것은 당신이 이해하고 이끌어갈 한 편의 전략적인 무대다. 고객의 기쁨, 슬픔, 분노, 불안은 당신이 단순히 해결해야 할 문제가 아니라, 견고한 충성도를 설계하기 위해 활용해야 할 가장 중요한 자원이다. 피상적인 가이드라인에 갇히지 마라. 지금부터는 실제 상황에서 고객의 감정 상태를 어떻게 파악하고 활용하여 당신의 든든한 지지자로 만드는지, 그 효과적인 기술을 알려주겠다. 당신은 감정 노동자가 아니라, 감정의 연금술사다.

감정 상태별 E/I 유형 전략:
고객 심리를 이끄는 통찰

고객의 감정 상태와 성향(E/I)을 파악하는 것은 그들의 행동을 예측하고 긍정적인 방향으로 유도하기 위한 핵심 전략이다.

상황에 따른 질문 바꾸기 예시

1) 상황: 기쁨을 증폭시켜 긍정적인 경험을 전파하게 하라.

- **E유형(외향형)이 기쁠 때:** 그들의 기쁨은 널리 알려지고 싶어 하는 활발한 에너지다. 당신의 역할은 그 에너지를 확장시키는 것이다. "대단하십니다!", "역시 선택이 탁월하십니다!"와 같이 그의 성공을 공개적으로 인정하고 축하해라. 더 나아가 그의 긍정적인 경험을 다른 사람에게 공유하도록 유도해라. 그는 기꺼이 당신의 성공 사례를 전파하는 강력한 긍정적 전파자가 될 것이다.

- **I유형(내향형)이 기쁠 때:** 그들의 기쁨은 조용하고 내면적인 만족감이다. 그 감정을 섣불리 밖으로 끄집어내려 하지 마라. 대신 "역시 조용한 확신이 느껴졌습니다.", "현명한 결정이십니다."와 같이 그의 내면의 만족감을 알아주는 짧고 간결한 인정의 메시지를 보내라. 당신은 그의 안목을 존중하는 유일한 전문가가 되고, 그는 깊은 신뢰를 보낸다.

2) 상황: 슬픔을 이해하고 깊은 공감으로 신뢰 관계를 구축하라.

- **E유형이 슬플 때:** 그들의 슬픔은 주변에 이해와 지지를 요청하는 신호다. 그들은 자신의 슬픔을 들어줄 청중이 필요하다. 당신은 기꺼이 그의 유일한 청중이자 이해자가 되어주어라. 해결책을 성급하게 제시하기보다, "얼마나 상심이 크십니까."라며 그의 감정을 그대로 반영하고, 그가 모든 것을 쏟아낼 때까지 경청해라. 어려운 순간에 그의 감정을 깊이 받아준 당신에게 그는 강력한 신뢰와 유대감을 느끼게 될 것이다.

- **I유형이 슬플 때:** 그들의 슬픔은 외부와의 거리를 두려는 내면의 공간이다. 그 공간에 불필요하게 개입하려 하지 마라. "무슨 일 있으세요?" 같은 직접적인 질문보다는 간접적인 접근이 필요하다. 대신, 그가 혼자서도 문제를 해결할 수 있도록 조용하고 실용적인 지원을 제공해라. "도움이 필요하시면 언제든 이 번호로 연락 주십시오."라는 문자와 함께 명확한 정보만을 남기고 적절한 거리를 유지해라. 당신의 존중과 배려는 그에게 최고의 위로가 되며, 당신을 유능한 조력자로 인식하게 한다.

3) 상황: 분노를 현명하게 전환하여 당신의 든든한 아군으로 만들어라.

- **E유형이 분노할 때:** 그들의 분노는 격렬하게 표출되는 에너지다. 그 분노에 직접 맞서기보다, 흐름을 이용하는 지혜가 필요하다. 일단 그의 분노에 완전히 동의하며 같은 편에 서라. "저라도 정말 답답했을 겁니다!", "이런 예상치 못한 상황 때문에 고생이 많으십니다."라며 그의 분노를 인정하고, 그 분노의 대상을 당신이 아닌 시스템이나 정책 같은 공동의 문제로 전환시켜라. 그는 당신을 자신과 함께 문제를 해결할 유일한 아군으로 여기게 된다.

- **I유형이 분노할 때:** 그들의 분노는 조용히 축적되는 압력과 같다. 그 압력이 폭발하기 전에 섬세하게 해소하는 것이 중요하다. 감정적인 위로보다는 그의 분노를 논리적인 언어로 번역해줘라. "제가 이해하기로는, 문

제는 A와 B, 그리고 C로 요약할 수 있겠군요. 맞습니까?"라고 질문해라. 이성적인 접근은 그의 감정을 진정시키고, 당신을 문제를 정확히 파악한 유능한 해결사로 보이게 한다.

4) 상황: 불안을 확신으로 바꾸어 강력한 신뢰를 형성하라.

- **E유형이 불안할 때:** 그들의 불안은 수만 가지 최악의 시나리오가 뒤섞인 혼란스러운 상태다. 그들에게 지나치게 많은 선택지를 제시하지 마라. 그것은 불안을 더욱 가중시킬 뿐이다. 대신 절대적인 확신에 찬 목소리로 단 하나의 명확한 계획을 제시해라. "걱정 마십시오. 지금부터 제가 A, B, C 순서대로 모든 것을 해결하겠습니다." 당신의 흔들림 없는 태도는 혼란 속에서 등대와 같은 역할을 하며, 그는 당신에게 강력한 신뢰를 보내게 된다.
- **I유형이 불안할 때:** 그들의 불안은 정보의 부재에서 오는 불확실성이다. 그들에게 필요한 것은 막연한 위로가 아니라 정확한 정보다. 관련된 모든 데이터, 예상 처리 시간, 가능한 모든 변수를 투명하게 제공해라. 당신은 그에게 모든 필요한 정보를 제공하여 스스로 불안을 통제할 수 있도록 돕는 유능한 안내자가 되어야 한다. 정보로 무장한 그는 스스로 자신의 불안을 관리하게 되고, 당신의 완벽한 일 처리에 깊은 감탄을 하게 된다.

고객 감정:
이제 당신이 이끌고 설계할 영역이다.

고객의 기쁨, 슬픔, 분노, 불안이라는 다채로운 감정들이 더 이상 단순한 변수가 아님을 깨달았을 것이다. 그것들은 당신이 충성도를 설계하기 위해 활용해야 할 가장 강력한 자원이자, 당신이 이해하고 이끌어갈 한 편의 전략적인 무대임을 인지했을 것이다. E유형의 활발한 에너지를 확장시키고, I유형의 내면 깊은 곳까지 통찰해라. 기쁨은 증폭시켜 당신의 열렬한 긍정적 전파자로 만들고, 슬픔은 오직 당신만이 공유하는 깊은 유대로 전환하라. 분노의 에너지는 당신을 향하지 않도록 방향을 틀어 공동의 문제 해결로 이끌고, 불안의 그림자는 당신의 절대적인 확신으로 걸어내라.

이것은 단순히 고객을 만족시키는 수준을 넘어선다. 이제 고객의 감정이라는 가장 원초적인 요소를 이해하고 영향력을 설계하는 감정의 설계자가 된 것이다. 고객의 마음은 이제 예측 불가능한 롤러코스터가 아니다. 그것은 당신의 지휘 아래 의도한 대로 움직이는 정교한 오케스트라와 같다. 당신이 배운 감정 설계 기술을 사용하여 고객의 감정 영역을 이해하고 이끌어라. 그들의 기쁨을 당신의 성공과 연결하고, 슬픔 속에서는 존재를 각인하며, 분노는 비즈니스에 대한 굳건한 충성으로 전환시켜라. 더 이상 고객의 감정에 휘둘리는 서비스 제공자가 아니다. 당신은 고객의 감정 상태를 이해하고 이끌며, 그들을 가장 충성스러운 지지자로 만들어낼 수 있는 궁극의 전략가다. 이제 고객의 마음이라는 오케스트라를 당신의 의지대로 지휘하라.

T(사고형), F(감정형) 유형별 CSI와 NPS 활용 전략

현대 비즈니스에서 고객 경험을 측정하는 핵심 지표로 고객만족도조사(CSI, Customer Satisfaction Index)와 순추천고객지수(NPS, Net Promoter Score)를 흔히 활용한다. CSI는 고객이 특정 제품이나 서비스에 대해 얼마나 만족했는지를 측정한다. 이는 과거의 경험에 대한 판단 지표다. NPS는 "저희 서비스를 친구나 동료에게 추천하시겠습니까?"라는 단 하나의 질문을 통해 고객의 충성도를 측정한다. 고객을 추천 고객(Promoter), 중립 고객(Passive), 비추천 고객(Detractor)으로 분류하여 미래 성장 가능성을 예측하는 핵심 지표로 사용된다.

이 두 지표는 당신의 서비스가 고객에게 어떤 감정과 경험을 제공하는지 객관적으로 보여주는 중요한 단서이자 나침반이다. 그러나 이 수치들이 진정한 고객의 마음을 모두 대변하지는 않는다. 고객이 지표에 반응하는 방식은 그들의 심리적 특성인 MBTI의 T(사고형)와 F(감정형) 성향에 따라 미묘하게 다르다. 진정한 경험 설계자라면 단순한 숫자 뒤에 숨겨진 고객의 심리를 간파하고, 그 유형에 맞는 지표 활용 전략을 펼쳐야 한다. 당신은 단순한 숫자 관리자를 넘어 측정된 데이터를 고객의 눈으로 해석하고 그들의 감정과 기대를 조각할 경험 설계자다.

지표의 배신:
높은 숫자에 숨겨진 고객의 무관심을 직시하라.

서비스 업종은 제품 A/S나 서비스를 받은 고객들에게는 예외 없이 CSI 점수와 NPS 점수를 체크할 수 있는 카카오톡 메시지가 발송된다. 나에게 서비스를 제공받은 모든 고객이 100% 응답하는 것은 아니지만 회신해 준 고객들을 기반으로 측정된 점수는 늘 압도적으로 긍정적이었다. CSI는 항상 높은 수치를 유지했고 NPS에서도 추천 고객의 비율은 상당했다. 숫자만 놓고 본다면 내가 제공했던 서비스는 고객의 만족과 추천을 이끌어내는 완벽한 서비스처럼 보였다.

하지만 현실은 냉정했다. 데이터가 말해주지 않는 또 다른 진실은 바로 현저히 떨어지고 있는 재구매율이다. 이것은 무엇을 의미하는가? 수치상으로는 아무런 문제가 없다. 다만 대다수 고객은 싫지는 않지만, 딱히 좋지도 않은 무관심 상태에 머물러 있었다는 뜻이다. 그들의 긍정적인 응답은 최소한의 성의나 시스템에 대한 예의였다. 마음속 깊이 감동하거나 나에 대한 확고한 충성심을 담고 있지 않았던 것이다.

지표가 높다고 안심하는 순간 당신은 치명적인 간과를 저지르게 된다. 수치상의 만족이나 추천 의사는 고객의 진심 어린 감동이나 견고한 충성심과는 다를 수 있다는 냉정한 현실을 직시해야 한다. 높은 점수는 단지 착각을 유발하는 함정일 뿐이다. 진정한 고객 경험 설계자는 지표의 착시 현상에 속지 않는다. 그 너머에 숨겨진 고객의 무관심을 간파하여 관계 자산을 쌓아 나가는 전략을 펼쳐야 한다. 이제 당신은 숫자 뒤에 숨은 고객의 진짜 마음을 읽어낼 차례다.

지표가 놓치는 것: T와 F 유형별 감정적 결핍을 해독하라.

공식적인 만족도 조사나 추천 의사 질문은 고객의 겉면에 드러난 의식적인 반응만을 포착할 뿐이다. 그러나 고객의 진정한 마음은 그들이 스스로도 인지하지 못하거나, 혹은 말하기 어렵다고 느끼는 미묘한 감정적 결핍 속에 숨겨져 있다. 이것은 명확한 불만이 아닌, 어딘가 불편하고 아쉬운, 혹은 채워지지 않은 기대감이다. 당신은 이 감정적 결핍을 MBTI 사고형(T)과 감정형(F) 고객의 특성에 맞춰 찾아 해소함으로써 고객을 무관심에서 열렬한 지지자로 탈바꿈시켜야 한다.

고객은 왜 이러한 결핍을 말하지 않는가? 그들은 때로 자신의 진짜 니즈가 무엇인지 명확히 알지 못하거나 당신이 자신의 미묘한 감정까지 해결해줄 것이라고 기대하지 않기 때문이다. 혹은 그저 이 정도면 됐다는 수동적인 태도로 공식 질문에 답할 뿐이다. 당신은 그들이 미처 표현하지 못하는 욕구를 설계자의 통찰력으로 파고들어야 한다.

T/F 유형별 감정적 결핍을 해독하는 설계자의 기술

T유형(사고형) 고객

1) 논리적 일관성과 합리적 가치로 무장해라.

T유형 고객의 감정적 결핍은 대개 불합리함, 비효율성, 예측 불

가능성에서 비롯된다. CSI나 NPS 피드백에서 "서비스 프로세스가 복잡하다.", "일관성이 없다.", "정보가 불분명하다."는 식의 의견이 나온다면, 이는 이들의 핵심 결핍 신호다.

2) 말 이면에 숨겨진 욕구를 간파하라

"이 부분은 비효율적인 것 같아요"라는 발언 뒤에 숨겨진 명확한 프로세스 부재 또는 문제 해결에 대한 예측 가능성 부재를 파악해라. 이들은 자신의 시간과 노력 낭비에 매우 민감하다.

3) 심리적 유도 질문을 설계하라

"이 상황에서 가장 합리적이라고 생각하시는 대안은 무엇일까요?", "어떤 정보가 더 있다면 판단에 도움이 되시겠습니까?"와 같이 논리적 탐색을 유도하여, 그들이 스스로 해결책의 일부를 찾도록 이끌어라.

4) 예측적 해결로 확신을 제공하라

문제 발생 시 논리적 근거와 데이터 기반의 명확한 해결 프로세스를 먼저 제시해라. 예를 들어, 예상 처리 시간, 각 단계별 계획, 발생 가능한 변수 등을 투명하게 공유함으로써 이들의 불안을 합리적인 확신으로 전환시켜라.

1) 진심 어린 공감과 특별한 배려로 마음을 얻어라.

F유형 고객의 감정적 결핍은 주로 공감 부족, 인간적인 연결 부재, 존중받지 못하는 느낌에서 발생한다. CSI나 NPS 피드백에서 "응대가 차갑다.", "내 이야기를 들어주지 않는다.", "기계적이다."는 식의 의견은 이들의 감성적 만족이 채워지지 않았다는 명확한 신호다.

2) 말 이면에 숨겨진 욕구를 간파하라

"그냥 뭐, 괜찮았어요."라는 무미건조한 대답 뒤에 숨겨진 인간적인 관계에 대한 갈망이나 진정한 공감을 원함을 포착해라. 이들은 감정적으로 소외될 때 가장 큰 불만을 느낀다.

3) 심리적 유도 질문을 설계하라

"이번 경험이 고객님께 어떤 마음을 안겨 드렸나요?", "이 상황에서 어떤 점이 가장 힘드셨나요?"와 같이 감정을 표현하는 질문으로 그들의 내면을 깊이 들여다보고 공감대를 형성해라.

4) 예측적 해결로 진심을 전달하라

이들에게는 단순히 문제를 해결하는 것을 넘어, 나라는 개인에게 특별한 관심과 배려를 보였다는 느낌을 주는 것이 중요하다.

과거 대화 내용에서 언급된 가족, 취미 등을 기억하고 개인적인 메시지로 언급하거나, 예상치 못한 작은 배려(선호하는 음료 제공, 기념일 메시지 등)를 통해 이들이 특별한 대우를 받고 있다고 느끼게 해라.

인간은 자신이 직접 참여하여 얻은 결론에 더 큰 가치와 확신을 부여하는 경향이 있다. 당신의 심리적 유도 질문을 통해 고객 스스로가 자신의 미묘한 결핍을 깨닫고 그 해답을 당신의 서비스에서 찾도록 설계하자. 그 결정에 대한 고객의 소유감을 높여 불필요한 저항을 줄이고 만족도를 극대화할 수 있다. 이것이 바로 고객을 무관심의 그림자에서 끌어내어 진정한 감동과 충성심으로 이끄는 설계자의 역할이다.

측정을 넘어선 설계: 고객 경험의 주도권을 장악하라.

CSI와 NPS 지표는 단지 시작점일 뿐이다. 이 수치에 안주하거나 맹신하는 것은 잠재적인 위협과 기회를 간과하는 중대한 실수다. 고객 경험 설계의 진정한 본질은 이 지표 너머에 존재한다. 특히 T유형과 F유형 고객이 지표에 반응하는 미묘한 차이를 이해하는 것은 당신의 경험 설계 능력을 한 단계 높여줄 것이다.

당신은 이제 단순한 데이터 분석가가 아니다. T유형 고객에게는 명확한 논리로, F유형 고객에게는 깊은 공감으로 접근하여 그들의 잠재된 마음속에 당신이 원하는 미래를 심어 넣는 경험 설계자다. 지표는 방향을 가리키는 나침반이 될 수 있지만 항해의 주도권은 온전히 당신의 몫이다. 고객 만족도라는 피상적인 환상에서 벗어나 고객의 심리를 통찰하여 그들의 마음을 설계하고 이끄는 진정한 전문가가 되어라. 이 게임의 승패는 숫자가 아닌 고객의 마음속 깊은 곳에 당신이 어떤 경험을 얼마나 정교하게 조각해낼 수 있는가에 달려 있다.

MBTI를 넘어선 통찰:
고객의 본질을 꿰뚫어라.

MBTI 뒤에 숨어 고객을 다 아는 척하는 것은 피상적인 접근일 뿐이다. MBTI는 당신의 통찰력 부족을 가리거나 편의를 위한 도구가 아니다. 고객을 네 개의 알파벳 안에 가두고 이해가 끝났다고 착각하는 순간 당신은 진정한 전문가의 길에서 멀어질 수 있다. MBTI는 고객 이해의 중요한 첫 단추가 될 수 있지만 그것이 당신의 심층적인 탐구를 멈추게 하는 마지막 단추가 되어서는 안 된다.

당신 앞에 선 고객은 단순한 유형이 아니다. 그는 자신만의 고유한 삶의 경험과 현재 마주한 크고 작은 감정들, 그리고 아직 표현되지 않은 깊은 동기를 품고 서 있는 하나의 온전한 세계다. 진정한 전문가는 MBTI라는 지표를 넘어, 고객의 비언어적 신호, 목소리의 미세한 떨림, 대화의 맥락 속에 숨겨진 진짜 심리를 읽어내는 탐정이 되어야 한다. 고객의 겉모습이 아닌 그 깊은 내면을 이해하고 싶다면, 다음의 고객 심리 원칙들을 주목하라.

1) 고객의 과거 경험은 그의 현재 판단에 중요한 영향을 미친다.

2) 고객의 현재 감정 상태는 당신의 모든 메시지를 다르게 받아들이게 할 수 있다.

3) 고객의 표정과 몸짓은 그의 말보다 훨씬 더 많은 진실을 담고 있다.

4) 고객은 단순히 공정한 대우를 넘어, 자신이 특별한 존재로 존중받기를 원한다.

5) 고객은 당신의 해결책을 넘어, 상황에 대한 통제감을 느끼기를 원한다.

이 모든 심리적 변수들을 외면하고 MBTI 같은 한 가지 지표에만 의존하는 것은 환자의 다양한 병력을 고려하지 않고 단지 하나의 특성만으로 모든 것을 진단하려는 시도와 다르지 않다. 이러한 안일한 접근은 당신의 서비스가 고객에게 결코 닿을 수 없도록 만들며, 결국 시장에서 외면받게 되는 결정적인 패착이 될 것이다. 오직 고객이라는 거대한 미스터리를 해독하려는 치열한 의지만이 당신을 진짜 전문가로 만들 것이다.

성장을 위한 자기 통찰 훈련: 단계별 실행 지침

서비스 개선은 우아한 취미 활동이 아니다. 급변하는 시장에서 전문가로서 성장하기 위한 필수적인 훈련이다. 당신의 시간과 에너지는 한정되어 있다. 따라서 가장 중요하고 긴급한 것부터 당신의 본능에 각인시켜라. 이것은 당신의 성장을 위한 단계별 지침이다.

1) 1단계: 모든 고객의 마음을 여는 보편적 공감과 유형별 경청 훈련

이것은 고객과의 신뢰를 구축하는 가장 기본적인 공감 기술이자, MBTI를 효과적으로 활용하는 첫걸음이다. 모든 고객에게 적용될 본능적인 반응을 몸에 익히고, 동시에 유형별 접근의 미묘한 차이를 두는 훈련이다.

1. 감정 동기화: 고객의 감정을 심장으로 이해하라.

고객의 감정에 완벽히 공감하는 모습을 보여주어라. 고객이 분노하면 당신도 그의 상황에 함께 우려를 표하고, 고객이 불안하면 당신의 목소리도 함께 그의 염려를 반영해야 한다. 그의 감정을 분석하려 하지 말고, 그의 감정을 당신의 심장으로 이해하고 그대로 받아들여라. 이성적인 해결책은 완벽한 감정 동기화 이후에야 비로소 의미를 가진다. 이것이 고객의 격앙된 감정을 진정시키고 마음을 여는 가장 빠른 방법이다.

MBTI 유형별 감정 동기화 팁:

- **T유형 고객:** 문제의 논리적 불합리함이나 부당함에 대한 이해와 공감을 표해라.

  동기화 예시 "해당 과정이 합리적이지 못해 화가 나셨을 것 같습니다."

- **F유형 고객:** 감정적 어려움이나 인간적 실망감에 대한 깊은 공감을 표현해라.

  동기화 예시 "많이 실망하시고 마음 아프셨을 것 같습니다."

2. '나' 주어로 소통하여 고객의 마음을 열어라.

'왜'로 시작하는 모든 질문은 고객에게 방어적인 태도를 유발할 수 있다.

"저는 당신의 말씀에 혼란을 느껴서 더 명확히 이해하고 싶습니다"와 같이, 모든 대화를 '나'라는 주어를 통해 당신의 감정 상태나 이해도를 표현해라. 비난은 반격을 낳지만, 진솔한 감정의 표현은 상대방의 마음을 무장 해제시키고 신뢰를 구축하는 효과적인 대화 기술이다.

2) 2단계: 관계를 이끄는 질문 전략과 자기 분석 심화 훈련

위기를 넘겼다면, 이제 고객과의 관계를 더욱 발전시키고 심층적인 통찰을 얻는 핵심 소통 기술을 연마해야 한다. MBTI 유형에 따른 접근법의 차이를 이해하고 적용하며, 자신의 대화 방식을 객관적으로 분석해라.

1. 고객의 말을 그대로 복제하여 신뢰를 구축하라.

고객의 핵심 단어를 경청하고 따라 말하는 것은 당신이 그의 말을 주의 깊게 듣고 있다는 가장 원시적이고 강력한 신호다. 그의 언어가 당신의 입에서 다시 나오는 순간, 그는 무의식적인 동질감을 느끼고 당신을 신뢰하기 시작한다. 이는 특히 내향형(I) 고객과의 관계 구축에 효과적이다.

2. 전략적 질문으로 고객의 사고를 이끌어라.

왜라고 묻지 말고, 어떻게와 무엇을 가지고 질문을 설계하라. 고객의 답변을 유도하여 그들이 스스로 문제를 해결하거나 해결책을 찾는 과정에 참여하도록 만드는 것이 핵심이다.

MBTI 유형별 질문 설계 팁:

- T유형 고객: 구체적인 정보와 문제의 원인, 그리고 합리적인 해결 방안을 파악할 수 있도록 문제 해결 지향적 질문을 설계하라.

  동기화 예시 "무엇이 가장 비효율적이었습니까?", "어떻게 하면 이 상황이 더 나아질 수 있을까요?"

- F유형 고객: 경험했던 감정과 그 영향, 그리고 중요하게 여기는 가치에 대한 질문을 설계하라.

  동기화 예시 "이번 경험이 고객님께 어떤 마음을 안겨 드렸나요?", "어떤 점이 가장 고객님의 기분을 상하게 했습니까?"

이 질문들은 전자는 고객의 이성을 자극하고, 후자는 감정을 이해하도록 돕는다.

3. 당신의 대화 방식을 객관적으로 분석하고 개선하라.

당신의 목소리, 말투, 언어 습관을 녹음하고 다시 들으며 객관적으로 분석하는 것만큼 효과적인 훈련은 없다. 불편함을 감수하고 스스로를 되돌아볼 용기가 있다면 당신은 분명 성장할 수 있다. 이는 당신의 의도와 고객이 받아들이는 메시지 간의 간극을 줄이는 필수 과정이다.

3) 3단계: MBTI를 넘어선 본질, 전문가로 거듭나는 심화 통찰 훈련

위기 대응과 관계 소통 기술을 익혔다면, 이제는 탁월한 전문가로 거듭날 차례다. 이 훈련들은 당장 급하지는 않지만, 당신을 대체 불가능한 존재로 만든다. MBTI라는 초기 가설을 넘어, 고객 개개인의 심리적 우주를 탐험하는 심층 훈련이다.

1. 동료와 심도 있는 실전 훈련(R/P)을 통해 소통 방식을 해부하라.

이론은 실전을 결코 이길 수 없다. 당신의 약점을 날카롭게 분석해 줄 동료와 함께 다양한 고객 시뮬레이션을 통해 끊임없이 자신을 객관적으로 평가하고 개선해야 한다. 이는 당신의 훈련을 실제 상황에 최적화하는 가장 효과적인 방법이다.

2. 지속적으로 고객 심리 관련 지식을 탐구하고 실전에 적용하라.

MBTI는 고객 이해의 문을 여는 열쇠 중 하나일 뿐, 그 뒤에는 무궁무진한 심리학, 행동 경제학, 커뮤니케이션 이론이 존재한다. 실전에서 즉시 적용할 무기 사용법을 익히는 것이 우선이며, 시간이 남을 때 이론적 깊이를 더하여 고객 심리의 전체 지도를 확장하는 것이다. 당신의 통찰은 결코 멈춰서는 안 된다.

이 글을 읽고도 아무런 변화의 필요성을 느끼지 못했다면 당신은 이미 정체되고 있는 것이다. 고객 서비스 개선은 하루아침에 이루어지지 않는다는 말은 성장을 포기하는 변명이 아니다. 그것은 당신이 매 순간, 모든 고객과의 만남에서 자신을 극한까지 연마해야 하는 전문가의 길이다. 당신은 이 글을 닫고 현재의 당신으로 돌아가 안주할 것인가, 아니면 오늘부터 스스로를 철저히 분석하고 재구성하여 누구도 넘볼 수 없는 전문가로 거듭날 것인가. 훈련은 선택이 아니다. 그것은 당신의 지속적인 성장을 위한 필수적인 과정이자, 대체 불가능한 전문가로 나아가는 유일한 길이다.

MBTI로
심리스위치를 켜라

데이터는 고객의 과거를 기록하는 데는 유용하다. 하지만 그들의 미래 행동을 예측하고 견고한 관계를 구축하는 데는 명확한 한계가 있다. 고객의 데이터라는 겉모습만 파악하는 것은 그 행동 이면에 숨겨진 욕망, 두려움, 비합리적인 충동이라는 핵심 동기를 간과하는 것과 같다. 이제부터 우리가 집중해야 할 것은 단순한 고객 관계 관리를 넘어선 고객 마음 심리 통찰이다.

심리학적 이해 없이는 고객의 마음을 읽고 움직일 수 없다. 진정한 전문가라면 고객의 마음을 깊이 이해하고, MBTI 유형을 포함한 그들의 심리적 특성을 활용하여 당신이 의도한 긍정적인 방향으로 나아가도록 이끌어야 한다. 이것은 단순한 서비스 제공을 넘어 고객의 마음을 움직이는 가장 정교하고 우아한 영향력의 기술이다. 이제 당신이 실행해야 할 것은 오직 세 가지의 핵심 심리 설계 지침뿐이다.

1) 핵심 설계 1: 감정을 파악하여 강력한 유대를 형성하라.

고객은 이성으로 생각하고 감정으로 결정한다. 이성은 자신의 감정적 선택을 정당화하기 위한 수단에 불과하다. 당신의 임무는 고객의 감정 시스템에 깊이 파고들어 당신을 절대적인 신뢰의 대상으로 만드는 것이다. 평범하고 안정적인 서비스는 기억에 오래 남지 않는다. 하지만 예상치 못한 어려움 직후에 경험하는 극적인 해결과 구원이야말로 평생 잊히지 않는 강력한 유대감을 형성한다. 고객 데이터를 분석하여 그들이 가장 도움이 필요할 순간을 예측하고 바로 그 순간에 당신이 유일한 해결사로 등장하는 시나리오를 설계하라.

MBTI 연결: T/F 유형별 구원의 경험을 설계하라

① T유형(사고형) 고객: 그들은 논리와 효율성에서 오는 안정감을 신뢰한다. 그들에게 구원은 복잡한 문제를 명쾌하게 해결해주고 비효율을 제거하여 합리적인 이득을 제공하는 경험이다. "문제가 발생할 수 있었던 복잡한 상황에서, 내가 논리

적으로 분석하여 완벽하게 해결해줬다"는 인식을 심어줘야 한다.

② F유형(감정형) 고객: 그들은 관계와 공감에서 오는 안정감을 신뢰한다. 그들에게 구원은 예상치 못한 어려움 속에서 나를 이해해주고, 따뜻하게 감싸주며, 심정적으로 지지해주는 경험이다. "내가 어려울 때 나의 감정을 깊이 이해해주고, 나를 위해 진심으로 나서줬다"는 인상을 각인시켜라.

2) 핵심 설계 2: 인식의 지름길을 설계하여 판단의 경로를 안내하라.

인간의 뇌는 효율성을 추구한다. 그래서 늘 사회적 증거, 손실 회피, 권위와 같은 인식의 지름길, 즉 인지적 편향에 의존하여 판단을 내린다. 당신은 이 지름길의 표지판을 당신에게 유리한 방향으로 섬세하게 안내해야 한다.

사회적 증거: T/F 유형에 맞춰 다수의 선택을 제시하라.

① T유형(사고형) 고객: 단순한 후기보다는 합리성과 데이터를 통해 증명된 다수의 선택을 제시하라. "고객님과 같은 연령대와 관심사를 가진 전문가 집단 87%가 이 솔루션을 선택했습니다. 이는 A문제 해결에 가장 효율적이라는 데이터가 증명합니다."라고 말해야 한다.

② F유형(감정형) 고객: 경험과 공감에 기반한 다수의 선택을

제시하라. "많은 고객들이 이 옵션을 선택한 후, 만족스러운 변화를 경험하며 저희와 더 깊은 유대감을 형성했습니다." 라고 감성적으로 연결하여, 심리적 안정과 소속감을 느끼게 하라.

손실 회피: T/F 유형별로 잃게 될 가치를 명확히 하라. 얻는 기쁨보다 잃는 것에 대한 아쉬움을 훨씬 더 크게 느끼는 인간의 본능을 자극해야 한다.

① T유형(사고형) 고객: 실질적인 이득과 효율성의 손실을 강조하라. "지금 이 기회를 놓치시면, 유사한 효율성 개선 기회를 잡기 위해 3개월 이상의 시간과 추가적인 비용이 발생할 수 있습니다"라고 객관적인 데이터와 함께 제시하라.

② F유형(감정형) 고객: 경험의 기회와 관계적 가치의 손실을 강조하라. "이 특별한 경험에 함께할 기회는 지금뿐입니다. 놓치시면, 후에 아쉬움과 함께 소중한 경험의 기회를 잃게 될 수 있습니다"라고 감성적인 후회를 유도해라.

3) 핵심 설계 3: 행동의 패턴을 이해하고 최적의 흐름으로 이끌어라.

당신은 고객의 피드백을 단순히 서비스를 개선하기 위해 듣는 것이 아니다. 당신은 그들의 행동 패턴을 예측하고, 당신의 의도된 영향력 아래에 두기 위해 귀 기울이는 것입니다. 고객의 심리를 읽어내어 행동 패턴을 이해해야 한다.

MBTI 연결: T/F 유형별 소통 방식과 반응 패턴을 파악하라

① 데이터 분석을 통한 행동 예측: 당신은 단순한 학자가 아니라, 고객 행동을 예측하는 전문가다. 고객 데이터(구매 이력, 문의 유형, 선호 채널 등)와 MBTI 유형별 경향(T는 논리적 정보 탐색, F는 감정적 교류 선호)을 연결하여 고객의 다음 행동을 한발 앞서 예측하라. 언제 지갑을 열고, 무엇에 강하게 반응하며, 어떤 메시지에 긍정적으로 반응하는지를 분석하여 최적의 경로로 이끌어라.

② 피드백 활용: 고객이 피드백을 주는 것은 당신에게 서비스를 개선해달라고 요청하는 것 이상의 의미가 있다. 그것은 '나는 이런 방식으로 소통하고 이해받고 싶다'고 자신의 소통 방식을 친절하게 알려주는 것이다.

③ T유형 고객의 피드백: 대개 구체적인 문제점과 개선 방안, 데이터 기반의 논리를 포함한다. 이들의 피드백을 시스템과 프로세스 개선에 직접적으로 활용하고, 그 결과 또한 논리적으로 공유하라.

④ F유형 고객의 피드백: 서비스 과정에서 느낀 감정, 경험의 좋았던 점이나 아쉬웠던 점 등 감성적인 요소가 강하다. 이들의 피드백을 통해 고객 경험의 감정적 여정을 이해하고, 개인적인 공감과 맞춤형 응대로 관계를 심화시켜라.

고객과의 관계를 설계하고 이끌 때, 당신은 가장 정교한 심리적 영향력을 완성하는 설계자가 될 것이다. 오늘부터 당신의 역할은 더 이상 친절한 서비스 제공자가 아니라, 고객의 욕망을 설계하는 건축가이며, 그들의 충성심을 구현하는 프로그래머임을 기억하라. 데이터 뒤에 숨지 말고, 데이터의 주인이 되어 고객의 마음을 당신의 걸작으로 만들어라. 당신은 단순한 친절을 베푸는 서비스 제공자가 아니라, 고객 마음 심리 영향력의 설계자이다.

고객의 마음을 이끌어 선택의 현실을 설계하라

고객이 무엇을 살지 스스로 결정한다고 믿는가. 그것은 본질을 간과한 생각일 수 있다. 고객의 선택은 단순히 이성과 논리의 산물이 아니다. 그것은 무의식적인 편향, 감정적 동기, 그리고 당신이 심어놓은 보이지 않는 단서들이 만들어내는 예측 가능한 심리적 반응일 뿐이다. 품질과 가격은 고객이 자신의 선택을 합리화하기 위해 사용하는 중요한 기준이지만, 그 이면에는 더 깊은 심리적 요인이 작용한다. 당신의 임무는 고객의 선택을 수동적으로 기다리는 것이 아니다. 고객의 심리적 구조를 통찰하여, 그들이 당신의 제품과 서비스를 선택할 수밖에 없는 긍정적인 현실을 설계하는 선택 설계자가 되어야 한다.

고객의 인식을 전환하여, 잠재된 니즈를 활성화하라.

　때로는 고객의 현재 인식을 전환하여 잠재된 니즈를 일깨우는 것이 중요하다. 6년 전 한 판매 교육 강사의 일화가 나에게 새로운 방향의 접근성으로 다가왔다. 그는 고객의 집에 방치된 타사 공기 청정기를 보고 미세먼지의 잠재적 위험성을 명확히 인식시켜 판매에 성공했다. 그는 말했다. "고객의 현재 인식을 섬세하게 전환해야 판매에 성공할 수 있다." 이것은 고객의 안락한 현실에 의도적으로 새로운 관점을 제시하는 가장 정교한 기술이다. 현재 만족은 현상 유지를 낳고, 잠재된 니즈는 행동을 유발한다는 것을 기억하자. 고객이 자신의 삶에 아무런 문제가 없다고 느끼는 한 그는 쉽사리 지갑을 열지 않는다. 그 강사는 공기 청정기를 판 것이 아니다. 그는 가족의 건강을 위협하는 보이지 않는 요소라는 잠재된 불안감을 먼저 인식시켰다. 그 문제를 해결할 최적의 솔루션으로 공기 청정기를 제시했을 뿐이다. 당신의 임무는 명확하다. 고객의 현재 인식에 균열을 내라. 그 균열을 메울 수 있는 유일한 해결책으로 당신의 제품과 서비스를 제시해야 한다.

MBTI 유형별 접근: 인식 전환을 위한 맞춤 전략

　① T유형(사고형) 고객: 그들의 문제 인식을 자극하려면 객관적

인 데이터와 논리적 근거를 제시하라. "현재 환경 데이터에 따르면, 당신의 공간에는 이러한 미세먼지 수치가 관찰되며, 이는 장기적으로 ○○○ 문제로 이어질 수 있습니다."와 같이 사실과 결과를 명확히 연결시켜라. 이들은 합리적인 위험 분석을 통해 스스로 문제의 심각성을 인지하게 된다.

② F유형(감정형) 고객: 그들의 문제 인식을 자극하려면 감성적인 공감과 가치 연결에 집중하라. "사랑하는 가족의 건강을 위협하는 보이지 않는 요소들에 대해 혹시 깊이 생각해 보신 적 있으신가요?"와 같이 감성적인 질문을 던져라. 개인의 가치, 사랑하는 사람과의 연결을 통해 문제의 중요성을 느끼게 유도하는 것이 효과적이다.

고객의 마음을 이끄는 두 가지 핵심 도구

고객의 선택을 당신이 원하는 방향으로 이끌기 위해 다음의 두 가지 강력한 도구를 전략적으로 사용하라.

1) 도구 1. 정보의 간극으로 고객의 호기심을 유도하라.

인간의 뇌는 미완성된 정보를 본능적으로 채우려 한다. 호기심 간극의 본질은 바로 이 결핍감을 활용하는 것이다. 당신은 고객에게 모든 정보를 친절하게 설명해주는 안내원이 아니다. 당신은 이야기의 가장 결정적인 부분을 섬세하게 감춰 그 간극을 참지 못한 고객이 스스로 당신의 메시지에 몰입하게 만드는 스토리텔러다.

- "이 제품은 A, B, C 기능이 있습니다." (X)
- "성공한 사람들의 99%는 알고 있지만, 오직 1%만이 실천하는 이것의 비밀을 알려드리겠습니다." (○)

이것은 단순한 호기심 자극이 아니다. 정보를 모르면 중요한 가치를 놓칠지도 모른다는 미세한 기대감을 심어, 고객이 스스로 당신의 다음 단계로 걸어 들어오게 만드는 심리적 이끌림이다.

MBTI 연결: 호기심 간극 유도 전략

① T유형(사고형) 고객: "이 문제에 대한 최적의 해결책, 그 핵심 메커니즘을 지금 바로 분석해드리겠습니다. 오직 데이터가 말해주는 진실을 확인하십시오."와 같이 논리적 결론과 효율성에 대한 호기심을 자극하라.

② F유형(감정형) 고객:"이 작은 변화가 당신의 삶에 가져올 놀라운 감성적 경험, 그 감동의 비밀을 함께 탐험해볼까요?"와

같이 개인적인 변화와 긍정적인 감정에 대한 호기심을 유도
하라.

2) 도구 2, **이야기로 고객의 마음에 깊이 닿아라.**

인간의 뇌는 논리뿐 아니라 이야기에 깊이 반응하도록 진화했
다. 이성적인 스펙과 데이터는 고객의 논리적 방어에 부딪히기
쉽지만 감동적인 이야기는 깊은 공감을 통해 고객의 마음에 가닿
는 효과적인 통로다.

MBTI T/F 유형별 스타일러 화법 제안 예시

① T유형(사고형) 고객: "지난주에 A부서 김대리는 급작스러운
외부 미팅으로 정장을 입어야 할 때, 스타일러가 단 20분 만
에 완벽한 비즈니스 룩을 완성해 주었습니다. 김대리는 시간
을 효율적으로 관리하며 중요한 미팅에 집중할 수 있었죠.
이처럼 스타일러는 비즈니스맨의 시간을 최적화하고 생산
성을 높이는 합리적인 선택입니다."와 같이 구체적인 상황
과 효용성을 중심으로 이야기를 구성하라.

② F유형(감정형) 고객: "어젯밤, 한 고객님은 아이와 즐겁게 놀
아준 후 스타일러에 옷을 넣고는 아침에 가족에게 향기롭고
깨끗한 옷을 입혀줄 생각에 미소 지으셨다고 합니다. 스타일
러는 단순한 가전이 아니라 가족의 행복과 사랑을 지켜주는

소중한 시간을 선물하는 도구입니다.”와 같이 감성적인 연결고리와 가치를 중심으로 이야기를 풀어가라.

고객의 뇌가 이야기에 감정적으로 몰입하는 동안, 당신이 전달하고자 하는 핵심 메시지, 즉 이 제품이 고객의 삶에 가져올 긍정적인 변화와 가치는 아무런 저항 없이 고객의 무의식에 각인된다. 이야기는 당신의 제품 가치를 전달하는 강력한 매개체이자 깊은 울림을 주는 통로다.

선택을 설계하는 당신,
이제 당신의 세계를 창조하라.

이제 당신은 어제의 당신이 아니다. 당신은 고객의 MBTI 유형을 간파하고 그들의 감정을 통찰하며 마침내 그들의 선택까지 설계하는 법을 알게 되었다. 고객의 선택은 그들의 자유의지가 아니라, 당신의 심리적 영향력과 설계 능력에 달려 있다. 이제 당신은 고객을 응대하는 사람이 아니다. 당신은 인간의 마음을 읽고, 원하는 현실을 창조하는 설계자다. 가서 당신의 세계를 창조해라. 훈련은 선택이 아니다. 그것은 당신의 지속적인 성장을 위한 필수적인 과정이다.

고객 심리를 이용한 마케팅 공략집

행동경제학: 고객 행동의 숨겨진 심리 패턴을 통찰하라

이성적인 고객이라는 관념은 이제 새로운 해석이 필요한 때가 되었다. 당신은 아직도 뛰어난 품질과 합리적인 가격만으로 고객의 마음을 얻을 수 있다고 믿을지도 모르겠다. 그것은 급변하는 시장의 흐름을 놓치는 것과 같은 발상이다. 현대 사회는 기술 발전과 더불어 소비자의 정보 접근성을 폭발시켜 그들을 그 어느 때보다 똑똑하고 비판적인 존재로 만들었다. 하지만 바로 그 똑똑함 이면에 그들의 심리적 경향성이 자리한다. 고객은 자신의 이성을 과신하기에 이성 너머의 감정과 무의식을 활용하는 전략에는 쉽게 영향을 받을 수 있다. 이제 고객은 단순히 필요하다고 느끼는 것을 넘어 특정 감정과 심리적 편향에 따라 지갑을 연다.

당신의 임무는 그들의 마음을 흔드는 것이 아니다. 당신은 그들의 뇌에 내장된 원시적인 심리 패턴을 이해해야 한다. 추가적으로 당신이 원하는 행동을 자연스럽게 유도하는 심리적 설계 기술을 습득해야 한다. 지금부터 그 설계 기술의 원천 즉 인간이라는 존재의 예측 가능한 심리적 특성들을 함께 탐구해 보자.

우리는 왜 자연스럽게 구매로 이끌리는가?

누구든 쉽게 이 거대한 심리적 시스템의 영향을 받는다. 스마트폰의 알고리즘은 때로는 나보다 나의 잠재된 욕구를 더 정확하게 알고 있는 듯하다. 내가 미처 인지하지 못한 갈증을 기가 막히게 찾아낸다. 그 갈증을 해소해 줄 광고와 콘텐츠를 나의 모든 화면에 제시한다. 1+1 행사가 반드시 합리적이지만은 않다는 것을 알면서도 나는 구매 버튼을 누른다. 그것은 하나를 더 얻는다는 긍정적인 감정이 불필요한 것을 산다는 이성적 판단을 유연하게 만들기 때문이다. 이것은 마법이 아니다. 이것이 바로 행동경제학이 밝혀낸 인간의 예측 가능한 심리적 특성이다. 전통 경제학에서는 인간을 완벽한 계산기라고 가정했다. 행동경제학은 인간이 감정적, 직관적 요인에 의해 영향을 받는 존재임을 증명했다. 우리는 감정과 직관, 편향이라는 오래된 심리적 경향성에 따라 언제든 특정 방향으로 선택을 하도록 이끌릴 수 있다. 당신이 지금부터 배울 것은 단순한 학문이 아니다. 인간의 이 심리적 특성들을 이해하고 활용해 원하는 결과를 만들어내는 가장 강력한 기술이다.

당신의 전략적 선택에 추가될 5가지 심리적 도구

행동경제학과 소비자 심리학은 당신에게 다음과 같은 다섯 가지 강력한 도구를 제공한다.

1) 손실 회피

가치를 지키는 행동으로 고객을 이끌어라. 인간의 뇌는 100만 원을 얻는 기쁨보다 10만 원을 잃는 고통에 훨씬 더 민감하게 반응한다. 당신은 고객에게 달콤한 이익을 약속하는 제안자가 아니다. 당신은 그들이 행동하지 않았을 때 놓치게 될 소중한 가치와 기회를 명확히 제시하는 통찰자가 되어야 한다. "이 할인을 놓치면 기회가 사라집니다."가 아니라 "많은 사람들이 이미 이 기회를 통해 한 발 앞서 나갔습니다. 당신의 가치를 지킬 수 있는 순간은 지금입니다."라고 말해라. 가치를 잃는 것에 대한 아쉬움이 고객을 행동하게 한다.

2) 프레이밍 효과

인식의 틀을 설계하여 고객의 현실을 조형하라. 마케팅의 세계에 객관적인 진실만이 존재한다고 생각하지 마라. 오직 당신이 설계한 프레임이 만들어내는 인식이 고객의 선택에 영향을 미칠 뿐이다. "지방 함량 20%"라고 말하는 대신, "무지방 80%"라고 말해라. "실패율 20%"라고 말하는 대신, "성공 가능성을 80%까지 높인 기술"이라고 말해라. 당신은 단순한 사실을 전달하는 것이 아니다. 고객의 뇌가 가장 긍정적으로 반응할 인식의 현실을 창조하는 감독이다.

3) 기본값 효과

자연스러운 선택의 길을 설계하여 고객을 이끌어라. 인간의 뇌는 본능적으로 에너지를 아끼도록 설계되었다. 선택은 에너지를 소모하는 과정으로 느껴질 수 있다. 따라서 대부분의 인간은 아무런 저항이 없는 기본 설정값을 자연스럽게 따르곤 한다. 당신의 목표는 고객이 당신의 옵션을 어렵게 선택하게 만드는 것이 아니다. 당신이 원하는 옵션을 매력적인 기본값으로 설정하여 고객이 자연스럽게 그 길로 나아가게 만드는 것이다. 예를 들어, 구독 서비스에서 가장 인기 있는 프리미엄 요금을 기본으로 선택해

두거나, 소프트웨어 설치 시 권장 설정 설치를 미리 선택해 두는 것과 같다. 이는 고객의 의사결정 피로를 줄여주면서도 당신이 설계한 방향으로 자연스럽게 이끄는 강력한 기술이다.

4) 사회적 증거

다수의 선택을 통해 고객에게 신뢰와 소속감을 제공하라. 인간은 자신이 속한 집단에서 벗어나는 것을 두려워하는 사회적 존재다. "가장 많이 팔린 제품"이라는 문구는 단순한 품질 보증서가 아니다. 그것은 "많은 이들이 선택했으니, 당신도 함께하면 현명한 선택이다"라는 강력한 신뢰 신호다. 당신은 제품을 파는 것이 아니다. 고객에게 확실한 선택이라는 안심과 다수와 함께한다는 소속감이라는 안정감을 제공하는 것이다. 특정 제품을 "누적 판매 N만 개 돌파", "고객 리뷰 평점 4.8점"과 같이 구체적인 수치로 제시하거나, 고객 사례나 전문가 추천을 적극 활용하라. 이는 고객의 불확실성을 해소하고 구매 결정을 굳히는 데 결정적인 역할을 한다.

5) 즉각적인 보상

미래를 넘어 현재의 만족감을 극대화하라. 인간의 뇌 깊숙한 곳에 자리한 원시적인 본능은 10년 뒤의 행복 같은 추상적인 개념보다는 지금 당장의 쾌락과 고통에 더 강력하게 반응한다. 장기적인 할인 혜택만을 약속하지 마라. 지금 당장 손에 쥘 수 있는 작은 가치나 만족감을 제공해라. 고객의 현재 경험을 풍요롭게 만드는 자가 그의 장기적인 충성도까지 얻게 된다.

행동경제학과 소비자 심리학은 단순한 이론이 아니다. 이것은 인간의 비이성적 경향, 즉 예측 가능한 심리적 특성을 이해하고 활용하는 가장 실용적인 공략집이다. 당신은 이제 고객의 비합리적 행동을 아쉬워하는 관찰자가 아니다. 당신은 그 심리적 특성들을 당신의 목적을 위해 활용하는 냉철한 설계자다.

구매 결정의 5단계: 고객 여정에 영향을 미쳐 최종 선택으로 이끌라

> **고객의 여정은 당신이 섬세하게 설계한 경로를 따라 흘러가는 과정이다.**

요즘 소비자들에게 가치가 높은 제품을 판매하는 일은 결코 쉽지 않다. 단순히 제품의 기능이나 스펙을 나열하는 것으로는 고객의 마음을 얻기 어렵다. 고객의 구매 결정 과정은 복잡하고 흥미로운 심리적 여정이다. 실제로는 당신이라는 주인이 설계한 예측 가능하고 효과적인 5단계의 경로를 따라 움직이는 것과 같다. 당신의 임무는 이 여정을 단순히 관찰하는 것이 아니다. 각 단계의 모든 접점을 완벽히 이해하고 기회를 포착하며, 이정표를 제시하여 최종적으로 당신이 원하는 목적지에 고객이 자연스럽게 도달하게 만들어라. 고객의 니즈를 정확히 파악하여 이 과정을 당신이 설계한 길로 이끌어야 한다. 구매 결정의 5단계를 통해 고객이 스스로 가치를 인지하여 구매까지 이어지는 흐름을 당신의 머릿속에 먼저 설계하고 그 설계를 그대로 고객에게 제시하라. 이것은 고객의 잠재된 여정에 깊이 공감하여 그들의 손을 잡고 당신이 원하는 곳으로 이끄는 가장 정교하고 영향력 있는 경험 설계 기술이다. 이제부터 당신은 이 여정의 설계자다.

구매 결정의 5단계를 이끄는 설계 기술

1) 1단계: 문제 인식

고객의 평온한 일상에 잠재된 니즈를 일깨워라. 고객은 때때로 스스로 문제를 명확히 인식하지 못한다. 당신이 문제의 본질과 해결의 필요성을 명확히 인식시켜야 한다. 고객의 안락하고 만족스러운 일상이야말로 변화의 필요성을 느끼지 못하게 하는 요소일 수 있다. 당신의 임무는 그 평온한 일상에 새로운 관점을 제시하고, '이대로 괜찮은가?'라는 질문을 던져 잠재된 필요와 가치의 중요성을 일깨우는 것이다. 마케팅 메시지는 해결책을 제시하기 전에, 먼저 고객이 인지하지 못했던 개선점이나 더 나은 미래를 제시하여 그 중요성을 명확히 해야 한다.

2) 2단계: 정보 탐색

고객이 정보를 찾아 외부로 헤매게 두어서는 안 된다. 그들이 정보를 능동적으로 찾아 나서기 전에, 당신은 그들이 필요로 할 모든 정보를 미리 세팅하고 완벽하게 가공하여 제공해야 한다. 이는 고객이 당신이 설계한 정보 생태계 안에서 자연스럽게 답을 찾도록 유도하는 전략이다. 당신은 그가 당신의 정보 요새 밖으로 나갈 필요성 자체를 느끼지 못하게 만들어야 한다.

온라인 리뷰, 블로그 추천, SNS 광고, 유튜브 영상 등 고객이 어떤 길로 정보를 탐색하든, 모든 탐색의 끝에는 당신의 이름과 가치가 나타나야 한다. 외부 세계는 불확실하고 혼란스러울 수 있지만, 오직 당신의 요새 안에서만이 안전하고 정확한 정보와 해결책을 얻을 수 있다는 인식을 심어주는 것이다.

3) 대안 평가

고객에게 최적의 선택지를 제시하여 결정을 돕는 조력자가 되어라. 이것이 당신의 전문성을 발휘할 무대다. 넘쳐나는 정보 속에서 고객의 뇌는 과부하에 걸려 혼란스러울 수 있다. 이때 당신은 친절한 안내자를 넘어 현명한 조력자가 되어야 한다. 고객에게 수많은 선택지를 주어 혼란에 빠뜨리는 것이 아니라, 당신이 미리 전략적으로 선별한 단 두 개의 매력적인 선택지를 제시한다. 이것이 바로 선택의 집중 기법이다.

- **A안:** 당신이 진정으로 고객에게 추천하고 싶은, 가장 가치 있고 완벽한 제품.
- **B안:** A안의 매력을 더욱 돋보이게 하기 위해 의도적으로 몇 가지 차이를 둔 매력적인 대안.

당신은 고객의 복잡한 고민을 덜어주는 조력자 역할을 한다. 실제로는 그의 분석 과정을 자연스럽게 유도하여 당신이 설계한 결론으로 그를 이끌어간다. 선택의 어려움을 없애고 고객 스스로 최선의 결정을 내렸다고 느끼게 만드는 것이 핵심이다.

4) 4단계: 구매 결정

망설이는 고객에게 확신을 주어 행동으로 이끌라. 고객이 마지막 문턱에서 망설이는 순간 당신은 인내심을 가지고 명확한 확신을 주어 그를 행동으로 이끌어야 한다. 이때 당신은 지난 장에서 배운 심리적 도구들을 활용해야 한다. 손실 회피라는 가치('지금 놓치면 이 특별한 가치는 다신 없을 수 있습니다!')와 사회적 증거라는 지지('많은 분들이 이미 이 제품을 선택하며 만족하고 있습니다!')를 동시에 제시해 그의 이성적인 판단과 감성적인 동기를 자극하여 최종 선택을 유도해야 한다.

5) 5단계: 구매 후 평가

긍정적인 기억을 강화하여 충성심을 창조하라. 고객의 실제 경험만큼이나 중요한 것은 그가 자신의 경험을 어떻게 기억하는가이다. 구매 직후 찾아올 수 있는 작은 망설임이나 불확실성을 당신은 기억 강화를 통해 긍정적으로 전환해야 한다. 구매 직후 "고객님은 정말 현명한 선택을 하셨습니다"라는 확인 메시지를 보내고 당신의 제품으로 행복해하는 다른 고객들의 긍정적인 경험과 후기를 지속적으로 노출시켜라. 이를 통해 고객은 자신이 내린 결정이 얼마나 탁월했는지를 스스로 확인하게 되며 이 강화된 긍정적 기억이야말로 진정한 충성심의 씨앗이 된다.

당신은 조력자가 아니라 설계자다. 고객에게 선택권을 존중한다는 것은 그들의 여정을 세심하게 안내한다는 의미다. 진정한 전문가는 고객에게 단순히 선택지를 주는 사람이 아니다. 고객이 스스로 최선의 선택을 했다고 믿게 만드는 완벽한 현실을 창조하는 사람이다. 당신은 고객의 고민을 덜어주는 친절한 조력자가 아니라 고객의 여정 전체를 설계하고 이끄는 전략적인 건축가다.

디토 심리: 고객의 자발적 공감을 이끌어 열성 지지자로 만들어라

개인의 취향이라는 환상에만 머물지 마라. 인간은 연결되고 모방하도록 설계되었다. 당신은 아직도 고객 개개인의 독특한 취향을 맞추기 위해 고군분투하고 있는가. 그것은 현대 시장에서 효율성을 떨어뜨리는 전략일 수 있다. 인간의 본질은 창조가 아니라 서로에게서 배우고 영향을 받는 것이다. 인간은 고독한 존재가 아니다. 공동체의 선택을 통해 안정감을 얻고 성장을 추구하는 존재다. 이러한 인간의 모방 심리는 디토(Ditto) 소비라는 형태로 발현된다. 이는 특정 제품이나 서비스에 대한 전문가, 인플루언서, 혹은 주변 사람들의 선택과 취향을 자신의 것처럼 그대로 따라 사는 소비 경향이다. 디토 소비는 단순한 최신 트렌드가 아니다. 인류의 오래되고 강력한 사회적 연결 본능의 현대적 발현이다. 정보의 홍수 속에서 선택에 지친 현대인들은 때때로 스스로 복잡하게 생각하기를 부담스러워한다. 그들은 신뢰할 수 있는 누군가가 제시해 준 검증된 선택에 자신의 의지를 기꺼이 합치한다.

내가 팔로워 48만 명의 인플루언서가 추천하는 헤어 제품을 산 것은 비합리적인 선택이 아니다. 그것은 당신의 뇌가 복잡한 분석의 과정을 단축하고 신뢰할 수 있는 정보에 의존하여 내린, 가장 효율적이고 심리적으로 편안한 선택이다. 당신의 임무는 낱알처럼 흩어진 개인의 취향을 일일이 저격하는 것이 아니다. 당신은 강력한 레퍼런스를 제시하여, 수백 수천의 고객들이 스스로 당신의 가치를 따르도록 만드는 것이다.

긍정적인 영향력: 승리하는 전략을 설계하라.

디토 소비가 소비자에게는 다양한 선택지가 존재한다는 점을 간과하게 할 수도 있다는 분석이 있을 수 있다. 하지만 당신은 관찰자가 아니라 설계자다. 고객의 자발적인 참여를 이끌어낼수록 당신의 시장 내 영향력은 더욱 커진다. 이것은 모두에게 동일한 관점을 요구하는 게임이 아니다. 당신이 고객의 자발적인 동참을 이끌어내는 만큼, 당신의 브랜드 가치는 높아진다. 당신은 균형을 잡는 심판이 아니라, 이 게임에서 고객과 함께 성장해야 하는 핵심 플레이어다.

디토 소비를 설계하는 3단계 영향력 증폭 전략

고객이 당신의 가치를 자발적으로 추종하게 하려면, 다음의 3단계 전략에 따라 정교하게 판을 짜야 한다.

1) 1단계: 신뢰의 원본을 창조하고 가치 공유의 신호를 보내라.

인간은 아무나 따르지 않는다. 그들은 자신보다 탁월하거나, 자신과 닮았거나, 자신이 선망하는 대상을 신뢰하고 따르려 한다. 당신은 이 세 가지 종류의 원본, 즉 신뢰를 얻을 수 있는 다양한 레퍼런스를 제시해야 한다.

• **전문가:** 압도적인 지식과 경력으로 무장한 권위자를 통해, 당신의 제품이나 서비스가 신뢰할 수 있는 검증된 선택임을 명확히 보여줘라.

- **롤모델:** 고객이 선망하는 인플루언서나 셀럽을 통해, 당신의 제품이 가치 있고 품격 있는 삶의 일부라는 긍정적인 이미지를 심어라.

- **공감대 형성:** 고객과 비슷한 평범한 인물이 당신의 제품을 통해 문제를 해결하고 행복을 얻는 모습을 보여줘라. 고객은 그를 통해 자신의 미래를 긍정적으로 투영하고, 안도하며 당신을 선택하게 된다.

2) 2단계: 나의 가치를 증명하고 영향력을 확장하라.

고객은 당신의 말을 듣기보다, 당신이 무엇을 증명하는지에 더 귀 기울인다. 당신의 전문성과 고객에게 제공한 가치를 적극적으로 보여줌으로써, 잠재 고객의 마음속에 강한 신뢰와 호기심을 심어라. 이는 단순한 홍보를 넘어, 고객의 자발적인 참여와 추천을 이끌어내는 가장 효과적인 심리적 연결고리가 된다.

- **성공 사례 스토리텔링:** 고객의 문제를 당신의 통찰과 전략으로 해결한 구체적인 과정을 생생한 스토리로 만들어 공유하라. 단순히 결과만 나열하는 것을 넘어, 고객이 겪었던 어려움과 당신의 해결 방안, 그리고 그 결과 얻게 된 긍정적 변화를 자세히 보여줘라. 이는 당신의 역량과 전문성을 가장 강력하게 증명하는 무기가 된다.

- **개인 브랜딩 콘텐츠 확산:** 당신의 전문 분야에 대한 깊이 있는 통찰과 유용한 정보를 꾸준히 생산하고 공유하라. 칼럼, 블로그, SNS 피드, 짧은 영상 등 다양한 형태의 콘텐츠를 통해 잠재 고객에게 당신의 가치

를 지속적으로 전달하고, 전문가로서의 입지를 확고히 다져라. 당신이 꾸준히 제공하는 가치는 고객에게 '따라하고 싶은' 강력한 동기를 부여한다.

• **솔직한 피드백 요청 및 활용:** 만족한 고객에게 솔직한 피드백이나 추천사를 직접 요청하라. 그리고 이를 다른 잠재 고객에게 보여줄 수 있는 형태로 전략적으로 활용하라. 고객의 진심이 담긴 한마디는 당신이 아무리 외치는 것보다 훨씬 더 강력한 신뢰를 형성하며, 새로운 고객 유입을 위한 자연스러운 입소문의 물꼬를 터준다.

3) 3단계: 견고한 공동체를 건설하여 지속적인 관계를 형성하라.

인간의 가장 깊은 욕구 중 하나는 소속감이다. 당신의 제품을 중심으로 한 강력한 공동체, 즉 팬덤을 형성해야 한다.

• **상징 부여:** 이 공동체 안에서 당신의 제품은 단순한 물건이 아니다. 그것은 '우리'라는 소속감을 강화하고 서로를 연결하는 특별한 상징이자, 가치를 공유하는 증표다.

• **긍정적 연결:** 당신의 공동체를 떠나는 것은 단순히 다른 제품을 사는 행위가 아니다. 그것은 공유된 가치와 연결된 경험에서 멀어지는 아쉬움으로 인식되어야 한다. 이 내면의 가치 연결이야말로 고객을 당신의 생태계에 자발적으로 머물게 하는 가장 강력한 동기가 된다.

  나도라고 말하는 고객의 목소리 속에서 자신의 선택을 확신하는 것은 그들의 경험이지, 당신의 실패가 아니다. 당신의 목표는 그들이 스스로 생각하는 복잡함을 덜어주고, 당신을 따르는 과정을 통해 만족감과 성장을 느끼게 만드는 것이다. 당신은 더 이상 제품을 파는 상인이 아니다. 당신은 긍정적인 영향을 주는 추종자를 만들고, 그들의 선택을 존중하며, 당신의 가치를 확장하는 거대한 커뮤니티의 영향력 있는 공동체의 설계자다. 이제 당신은 단순한 서비스 제공자가 아니라 고객 심리 영향력의 설계자다.

감성 공략: 고객의 마음을 움직여 강력한 유대감을 형성하라

이성은 갑옷이고 감정은 맨살이다. 지금까지 배운 모든 기술, 행동경제학, 구매 과정 통제는 단 하나의 목표를 위한 도구일 뿐이다. 그것은 바로 고객의 이성이라는 견고한 갑옷을 섬세하게 이해하여, 그 안에 숨겨진 진정한 감성적 가치에 당신의 메시지를 각인시키는 것이다. 현대의 마케팅은 단순한 논리적 설득 과정이 아니다. 그것은 고객의 감성적인 깊이에 닿아 긍정적인 변화를 이끌어내는 정교한 공감의 과정이다. 성공적인 비즈니스는 좋은 제품을 파는 것을 넘어, 특정한 긍정적 감정을 창조하여 그것을 고객에게 가치 있는 경험으로 제공하는 행위다. 당신의 임무는 고객의 이성을 설득하는 것을 넘어, 그들의 심장에 가까이 깊은 유대감을 형성하는 것이다.

감성적 관계 형성을 위한 두 가지 핵심 전략: 공감과 가치 연결

당신이 고객의 마음을 움직여 강력한 유대감을 형성하기 위해 활용할 수 있는 가장 효과적인 두 가지 전략이 있다. 이것은 이 책에서 공개하는 가장 핵심적이고 영향력 있는 방법이다.

1) 전략 1, 후광 효과를 이용한 긍정적 이미지 연결

박세리 선수가 자신의 집에서 LG 가전을 사용하는 영상은 단순히 친근함을 주기 위한 광고가 아니다. 이것은 후광 효과를 이용하여 고객의 마음에 긍정적인 이미지를 자연스럽게 연결시키는 섬세한 심리적 접근이다.

인간의 뇌는 특정 대상에 대한 긍정적인 감정을 그와 관련된 모든 것에 무의식적으로 전이시킨다. 사람들은 박세리라는 인물이 가진 신뢰, 성공, 진정성이라는 긍정적 후광을 LG라는 브랜드에 자연스럽게 연결시킨다. 이는 분석적 사고 과정 없이 신뢰를 형성하는 강력한 심리적 메커니즘이다. 이를 실행할 방법을 나열해 주겠다. 당신은 제품의 장점을 길게 설명할 필요가 없다. 당신은 고객이 이미 무한한 신뢰를 보내는 롤모델이나 가치 있는 대상을 선정하여, 당신의 제품이 그 긍정적 이미지의 삶의 일부인 것처럼 자연스럽게 연결하라. 후광 효과와 고객 경험(CX)를 같이 말할 수 있는 타이밍이다. 직접적인 광고의 방어막을 넘어 가장 일상적이고 자연스러운 모습으로 고객의 마음에 다가가라. 고객은 스스로 LG 제품을 신뢰한다고 결정하는 것을 넘어 박세리를 통해 형성된 긍정적 인식이 LG 제품에 대한 신뢰로 이어지는 것을 경험하게 될 것이다.

후광 효과는 비단 유명인을 통해서만 발휘되는 것이 아니다. 당신의 제품이나 서비스 자체가 긍정적인 후광을 만들어낼 수도 있다. 압도적인 기술력, 오랜 역사와 전통, 혁신적인 수상 이력 등은 제품 자체에 강력한 신뢰의 후광을 입힌다. 고객은 특정 기능이 아니라 이 회사는 믿을 수 있다는 이미지 때문에 선택하게 된다. 이 경우 당신은 최고의 전문가라는 후광을 브랜드에 심어야 한다. 또한, 친환경, 사회 공헌, 윤리적 생산과 같은 기업의 가치는 고객에게 긍정적인 감성을 불러일으킨다. 고객은 단순히 제품을 구매하는 것이 아니라 자신이 지지하는 가치에 동참한다는 만족감을 느낀다. 이는 제품 자체를 넘어선 브랜드의 가치라는 후광을 형성한다. 고객과의 첫 접점에서 받은 강렬하고 긍정적인 인상은 이후 모든 상호작용에 영향을 미쳐 긍정적인 후광을 드리우게 된다. 고객과의 첫 만남, 첫 사용 경험, 첫 소통 순간에 최고의 가치를 전달할 수 있도록 철저히 설계하라.

2) 전략 2, 깊은 공감을 통한 탁월한 서비스 경험 제공

내가 직접 관리하던 한 고객의 이야기다. 고객의 제품 사용 만기 시기가 도래하여 재구매를 제안하던 중이였다. 고객은 별다른 이유 없이 타사 제품까지 고려하는 상황이었다. 단순히 같은 제품을 5년 동안 사용했으니 타사 제품이 궁금하다는 이유였다. 현재 사용 중인 제품은 고장 없이 잘 사용 중이었기에 멀쩡한 제품을 새로 바꾼다는 것에 대해 망설임이 있었다. 그러던 중 설날 당일 아침 나는 한 통의 전화를 받았는 데, 해당 고객이 제품 고장 가능성을 언급하며 조심스럽게 방문을 요청했다.

명절 휴일에 고객 집을 방문하는 것이 맞는지 하는 마음속 갈등도 잠시였다. 고객의 불편함을 조금이라도 빨리 해소해주지 않으면 연휴 내내 마음이 불편할 것 같았다. 마침 그 고객의 집과 우리 집이 가까웠기에 일단 가보자 하는 마음으로 고객집에 방문했다. 나는 제품 고장을 진단하고 임시로 사용할 수 있도록 즉각적인 조치를 취했다. 고객은 휴일임에도 불구하고 바로 조치해준 행위 자체에 진심으로 감동했다. 멀쩡한 제품이라며 새 제품 구매를 망설이고, 타사 제품 구매를 고려했던 고객은 완전히 마음을 바꾸었다. 이후 고객이 본인이 재계약을 했던 이유를 다시 나에게 설명했다. 연휴 때 왔던 내 마음 자체가 너무 고마워 재구매를 결정하는데 영향을 주었다고 한다.

이 사례는 단순한 문제 해결을 넘어선다. 이것은 고객의 긴급한 상황에 깊이 공감하고, 매뉴얼 이상의 진심으로 고객의 삶을 헤아려 위기를 해결함으로써 자발적인 충성심과 감동을 이끌어내는 가장 고차원적인 감성적 연결 기술이다.

인간은 어려운 상황에서 자신을 이해하고 진심으로 배려해주는 대상에게 강한 정서적 유대감과 감사함을 느낀다. 특히 예상치 못한 상황에서 경험하는 진심 어린 도움은 평생 잊히지 않는 브랜드 경험이 된다. 이 경험으로 강력한 충성 고객으로 전환하는 결정적인 계기가 된다. 이는 고객이 자신이 중요한 존재이며 존중받고 있다는 깊은 감정을 느끼게 하여, 스스로 가치를 찾아 당신에게로 향하게 하는 원동력이 된다.

고객의 문제를 정책이나 규정으로만 접근하지 마라. 고객이 처한 상황의 본질적인 어려움과 감정적 가치를 깊이 이해하고 공감하는 것에서 시작하라. 단순히 해결책을 제시하는 방법은 너무 기계스럽지 않은가. 고객의 입장에서 생각하고, 그들의 불안과 고통을 해소해주기 위해 내가 불편해도 고객의 평안이 더 중요하다고 판단될 때는 한 발 더 나아가라. 이때 당신의 진정성과 인간적인 면모가 고객에게 전달된다. 그들은 당신을 제품 파는 사람을 넘어 나를 이해하고 진심으로 배려해 준 전문가로 인식하게 된다. 이 과정에서 형성된 감성적 신뢰는 그 어떤 물질적 혜택보다 강력하게 그를 당신과 연결한다. 그는 자신의 긍정적인 경험을 주변에 자랑하기 위해 기꺼이 당신의 자발적인 홍보대사가 된다.

진솔한 공감은 단기적인 매출을 넘어 장기적인 관계 자산으로 이어진다. 고객과의 대화에서 단순히 정보 전달에 그치는 행위는 이제 그만 멈춰야 한다. 상대의 감정적 상태를 살피고 진심으로 이해하려는 태도를 보여라. 형식적인 대본을 넘어선 당신의 진솔한 반응과 한마디 한마디가 고객에게 특별하게 대우받고 있다는 인상을 남긴다. 감성적인 소통은 강력한 신뢰의 기반이 된다. 고객이 문제를 제기하기 전에 그의 잠재적인 불편함이나 니즈를 먼저 알아채고 해결책을 제시하는 것은 더욱 깊은 감동을 준다. 이는 당신이 나를 깊이 이해하고 있다는 감성적 확신으로 이어져 강력한 유대감을 형성한다. 회사에 속해있다면 CRM데이터, 개인 서비스 제공자라면 내가 관리하고 있는 고객 데이터를 통해 고객의 과거 이력을 분석하고, 미리 준비된 감성적 대응 시나리오를 설계하라. 고객의 어려움에 진정으로 귀 기울이고 기꺼이 도움의 손길을 내미는 인간적인 모습은 고객으로 하여금 당신에게 더 깊이 공감하고 손을 내밀게 하는 촉매제가 된다.

감성을 통해 가치를 설계하는 당신,
이제 당신의 세계를 구축하라

이 책의 한 장 한 장을 통과한 당신은 이제 세상이 다르게 보일 것이다. 당신은 고객의 심리적 방어 체계를 꿰뚫을 수 있는 통찰력을 지닌 사람이다. 고객들의 행동을 예측하며 그들의 감정을 당신의 목적에 맞게 '고객 만족, 고객 감동, 고객과의 유대감'을 섬세하게 조율하는 법을 알게 되었다. 이 모든 아름다운 단어들은 하나의 진실을 가리기 위한 피상적인 개념이 아니다. 그것은 당신이 고객에게 감성적 가치를 제공하고, 그들의 감정을 이해하고 활용하여, 그들의 마음속에 당신만의 견고한 가치와 신뢰를 구축하는 과정이다. 당신은 더 이상 평범한 서비스 제공자가 아니다. 당신은 인간의 감정을 원료로 고객의 마음속에 당신만의 강력한 가치를 건설하는 리더다.

유한성의 법칙:
고객 심리 설계의 완성

유한성의 법칙은 마케팅과 CS 분야에서 당신에게 선사하는 가장 강력한 통찰 중 하나다. 유한성의 법칙(Law of Scarcity)이란 어떤 대상의 가치가 그것이 쉽게 얻어지거나 풍부할 때보다 희소하거나 한정적일 때 훨씬 더 높게 평가되는 인간 심리의 경향을 말한다. 인간은 무언가를 얻는 기쁨만큼이나 소중한 기회를 놓치는 것에 대한 아쉬움을 강하게 느낀다. 유한성 원칙은 고상한 마케팅 이론이 아니다. 수만 년 동안 인류의 DNA에 각인된 놓치고 싶지 않은 마음이라는 가장 오래되고 강력한 본능적 동기를 활용하는 심리적 원리다. 과거 인류에게 한정된 식량을 놓치는 것은 생존과 직결되었다. 제한된 기회를 놓치는 것은 잠재적 손실을 의미했다. 당신의 임무는 바로 이 본능적인 결정의 동기를 찾아내 당신의 현대적인 제품과 서비스에 연결하는 것이다. 고객의 이성적인 판단을 넘어서 자발적인 행동을 이끌어내라.

유한성의 법칙, 그 위력이 극대화되는 영역: 가망 고객

유한성의 법칙은 모든 고객에게 적용 가능하다. 그 효과가 가장 폭발적으로 발휘되는 곳은 바로 가망 고객들이다. 가망 고객이란 당신의 제품이나 서비스에 대한 정보 탐색을 마쳤거나 일정 수준의 관심을 보여 이미 잠재적인 구매 의사를 가지고 있는 이들을 말한다. 그들은 구매를 고려 중이거나 다른 대안과 비교하며 마지막 결정을 망설이는 단계에 있다.

이처럼 살지 말지의 갈림길에 서 있는 가망 고객에게 유한성의 메시지를 제시할 때 그들의 심리적 결정 스위치는 가장 강력하게 작동한다. 무한정 기다릴 수 있다고 생각했던 상황에 갑작스러운 제한이 걸리면, 그들은 더 이상 미루지 않고 행동해야 할 강력한 이유를 부여받는다. 이는 합리적 고려를 넘어 기회를 놓칠지 모른다는 본능적인 반응을 자극한다. 따라서 당신은 가장 빠르게 성과를 이끌어낼 수 있는 이들에게 유한성의 법칙이라는 강력한 촉매제를 던져야 한다. 그래야 가망 고객들은 잠재된 구매 욕구를 실제 행동으로 전환시킨다.

놓치고 싶지 않은 가치를 부각하는 두 개의 핵심 장치

당신이 고객의 마음에 작동시켜야 할 강력한 결정의 장치는 단 두 개뿐이다. 이 두 장치를 전략적으로 활용하는 순간 고객은 기회를 포착하기 위한 합리적이고 자발적인 행동으로 나아가게 될 것이다.

1) 첫 번째 장치: 시간이라는 이름의 강력한 마감 시한을 설정하라.

긴급성은 단순히 서두르게 만드는 것이 아니다. 그것은 고객에게 지금 행동해야 할 이유와 함께 시간이라는 명확한 마감 시한을 제시하는 행위다. 웹사이트의 카운트다운 타이머는 단순한 알림이 아니다. 그것은 고객에게 남아있는 시간을 명확히 인지시켜 지금이라는 가치를 극대화하는 강력한 구매 유도 신호다.

가치를 집중시키는 방법은 '48시간 한정 세일'의 진짜 목적은 48시간 동안 물건을 파는 것이 아니다. 고객이 48시간이라는 한정된 시간 안에 이성적인 고민을 효율적으로 마무리하고 가치를 충분히 판단하도록 집중시키는 것이다. 당신은 통제된 몰입 상태를 만들어내고 그 안에서 최적의 결단을 내릴 유일한 기회가 바로 지금이라는 점을 명확히 제시한다. 대표적으로 쿠팡의 자정 전 주문 마감은 빠른 배송을 약속하는 것을 넘어선다. 그것은 자정 이후에 발생할 수도 있는 배송 지연의 아쉬움이 아닌, 지금 결정하면 내일 바로 만날 수 있다는 즉각적인 만족감을 경험할 수 있음을 전략적으로 부각하는 것이다.

2) 두 번째 장치: 희소성이라는 이름의 가치 있는 기회를 창조하라.

희소성은 제품을 특별하게 만드는 것을 넘어선다. 그것은 인간의 가장 깊은 욕망인 탁월함에 대한 열망을 자극하고, 남과 다른 나라는 특별한 가치를 부여하는 행위다. 한정판 제품은 단순한 물건이 아니다. 그것은 그 제품을 확보하지 못한 다른 이들보다 먼저 기회를 잡은 선택 받은 이들의 특별한 상징이다.

가치를 증폭시키는 방법. 그 비밀은 '한정판 운동화' 사례에 숨겨져 있다. 진짜 가치는 신발 자체의 품질에만 있는 것이 아니다. 그 가치는 그 신발을 선택하지 못하고 아쉬워하는 사람들의 수에 의해 결정된다. 더 많은 이들이 확보하지 못할수록 기회를 잡은 이의 특별한 상징은 더욱 빛을 발한다. 당신은 제품을 파는 것이 아니라 남들보다 앞섰다는 우월하고 특별한 가치의 경험을 파는 것이다. 대표적으로 오뚜기의 BTS 한정판 라면은 단순한 라면이 아니다. 그것은 진짜 팬과 그저 팬심이 있는 사람을 구분하는 깊은 유대감의 상징이며, 그 증표를 소유함으로써 공동체 내에서의 가치 인정을 획득하는 것이다.

당신은 이제 영향력 있는 설계자이자 연금술사다. 당신은 고객의 놓치고 싶지 않은 마음을 활용해 자발적인 선택을 이끌어내는 법을 알게 되었다. 더 이상 단순한 마케터에 머무르지 마라. 당신은 가치 있는 기회를 제공하는 설계자이며, 제조된 희소성으로 경험에 특별한 가치를 부여하는 연금술사다. 고객이 살아가는 세상은 무한한 선택지가 넘쳐나는 혼돈의 공간이다. 그 혼돈 속에서 당신의 유한함은 그들에게 명확한 길을 제시하는 유일한 등불이다. 거부할 수 없는 강력한 가치 제안을 하는 연금술사가 되어라. 세상은 무한하지만 당신의 세계는 전략적으로 유한해야 한다. 그 유한함 속에서 당신은 강력한 영향력을 발휘하는 존재가 된다. 가서 당신의 법칙을 선포하고 그들이 당신의 비전을 따라오게 만들어라.

퍼스널 마케팅: 고객을 위해 강력한 가치 설계자가 되어라

고객의 모든 것을 알아야 한다

나는 고객 서비스 현장과 강의에서 10년 이상을 근무하며 수없이 많은 고객들을 만났다. 그리고 앞으로도 더 많은 고객과 마주할 것이다. 이 긴 시간 동안 깨달은 것은 과거의 마케팅 방식으로는 더 이상 고객의 마음을 얻기 어렵다는 사실이다. 과거의 마케팅은 허공에 대고 소리치는 장님과 같았다. TV와 신문이라는 확성기를 들고 내 물건 좀 사라고 외치면 그만이었다. 하지만 이제 고객은 더 이상 장님이 아니다. 그들은 당신이 상상하는 것 이상으로 똑똑하다. 정보에 빠르고 훨씬 현명하다. 그들은 당신의 광고를 피하고 당신의 의도를 간파한다. 이런 스마트한 고객들을 상대로 당신은 아직도 구시대의 확성기를 들고 서 있는가.

매일 출근하는 사무실 맞은편 커피숍이 왜 문전성시를 이루었을까? 커피 맛이 뛰어나서가 아니다. 직원들의 친절한 인사가 감동적이어서도 아니다. 그것은 그들이 커피를 파는 것을 넘어 한 고객에 대한 완벽한 데이터 기반 이해를 구축하여 그의 마음을 사로잡기 시작했기 때문이다. 그들은 고객의 이름과 직위 어제 마셨던 음료의 얼음 개수까지 기억했다. 이것은 단순한 서비스가 아니다. 이것은 당신이라는 고객을 완벽하게 분석하고 예측했다는 뜻이다. 그 가게를 벗어날 수 없도록 만드는 가장 정교하고 편안한 심리적 만족의 공간이다. 고객은 커피에 중독된 것이 아니다. 세상에서 유일하게 나를 완벽하게 이해해주는 공간이라는 그 지독한 안정감에 매료된 것이다.

퍼스널 마케팅: 선택이 아니라, 새로운 시대의 성공 기술이다

퍼스널 마케팅이란, 개별 고객의 특성과 행동 양식, 선호도 등을 깊이 분석하여 그에게 가장 적합한 제품, 서비스, 메시지, 경험을 제공하는 맞춤형 전략이다. 퍼스널 마케팅은 더 이상 선택지가 아니다. 그것은 당신이 이 경쟁 환경에서 탁월한 성과를 내기 위한 유일한 핵심 기술이다. 기술적으로 인공지능(AI)이 세상을 독차지할 만큼 발달한 지금 방대한 데이터를 처리하고 자동화된 맞춤형 대응을 제공하는 것은 AI의 영역이 되었다. 하지만 바로 이런 시대이기에 사람이 전하는 퍼스널 마케팅의 가치는 더욱 빛을 발한다. AI가 구현하기 어려운 미묘한 감성 이해, 상황에 따른 유연한 대처, 그리고 인간적인 연결에서 오는 안정적인 서비스는 오직 사람만이 줄 수 있는 탁월한 영역이다.

　퍼스널 마케팅은 고객의 충성심을 강화하는 우아한 전략을 넘어선다. 당신의 경쟁자들이 당신의 고객을 빼앗아가지 못하도록 그들의 마음에 긍정적인 유대감을 각인시키는 행위다. 당신은 이제 두 가지 핵심 무기를 손에 쥐어야 한다. 하나는 시장을 심층 분석하는 세그먼트라는 이름의 정밀 분석 도구이고, 다른 하나는 고객 한 명의 마음을 정확히 이해하는 개인화라는 이름의 정밀 타깃팅이다.

1) 세그먼트 마케팅: 시장을 해부하고, 핵심 그룹에 집중하라.

　세그먼트 마케팅이란, 광범위한 시장을 유사한 특성과 요구를 가진 여러 개의 하위 그룹(세그먼트)으로 분류하고 각 그룹의 성향에 맞춰 제품이나 서비스, 판매 방법 등을 다양화하여 효과적인 전략을 수립하는 기법을 의미한다. 당신은 더 이상 전체 시장이라는 거대한 집단과 싸우지 않는다. 당신은 그 집단을 인구통계, 심리, 행동이라는 명확한 기준에 따라 수백 개의 작은 조각으로 분석하는 외과 의사가 되어야 한다.

코카콜라의 마케팅 기법을 살펴보자. 그들은 콜라라는 단 하나의 무기로 싸우지 않는다. 그들은 전통적인 맛을 선호하는 이들에게는 클래식 코카콜라를, 건강을 중요시하는 이들에게는 다이어트 코크와 코카콜라 제로를, 젊고 새로운 경험을 추구하는 이들에게는 한정판 캠페인을 제공한다. 그들은 시장 전체를 단일하게 공략한 것이 아니다. 시장을 조각내어 각 핵심 영토의 가치를 최적화한 것이다.

이제 당신의 고객이라는 거대한 집단을 해부해야 한다. 그들이 어떤 가치를 추구하고, 어떤 욕망을 가지고 있으며, 어떤 방식으로 당신의 제품에 반응하는지 정확히 파악하라. 그리고 각 집단에 맞는 가장 효과적인 가치 제안을 개발하여 그들의 마음을 정확히 움직여라.

2) 개인화 마케팅: 한 명의 특별한 가치 설계자가 되어라.

세그먼트는 시장을 나누는 기술이다. 개인화는 고객 한 명 한 명의 머릿속에 들어가 그를 위한 유일하고 특별한 가치를 설계하는 기술이다.

고객의 가치설계의 2가지 기술

① 고객의 역사에 공감하라.

당신은 고객의 과거 구매 이력을 단순히 기억하는 것을 넘어서야 한다. 그의 인생이라는 맥락 속에서 그 경험의 일부를 기억하는 것이다. 당신은 그가 지난번에 무엇을 샀는지가 아니라 그가 어떤 문제로 어려움을 겪었을 때 당신의 제품이나 서비스가 어떻게 긍정적인 해결책을 제공했는지를 기억해야 한다.

② 미래의 필요를 예측하라

미래의 필요를 예측하라. 데이터는 과거의 기록이 아니라 미래의 가치를 예측하는 나침반이다. 내가 살아왔던 시대는 지나갔다. 이제는 새로운 시대가 기다리고 있다. 미래를 예측하는 것이 핵심 경쟁력이 되는 시대다. 서비스 현장에서 수많은 고객과 학생들을 만났었다. 개인화 마케팅이 부재하면 긴급 상황에 대처하는 능력이 현저히 떨어진다는 것을 경험했다. 고객도 마찬가지다. 어떤 새로운 상황이 즉면할지 모른다고 가정하자. 개인화 마케팅을 통해 고객의 잠재된 필요를 미리 파악한다면 긴급 상황에도 즉각적으로 대응할 수 있는 능력을 갖추게 된다. 그리고 당신은 고객 데이터를 분석해 그가 다음에 무엇을 원하고, 어떤 가치를 추구할지 그 자신보다 먼저 이해해야 한다. 그가 도움을 요청하기 전에 먼저 필요한 해결책이나 가치를 제안하여 감동을 선사하라.

화법의 힘: 고객의 무의식을
움직이는 설득의 기술

CRM과 화법: 성공을 위한 전략적 도구를 구축하라

당신이 쌓아 올린 모든 데이터는 화법이라는 방아쇠를 당기기 전까지는 방향성을 잃은 데이터의 집합일 뿐이다. 고객 관계 관리(CRM) 시스템은 강력한 잠재력을 가진 도구와 같다. CRM(Customer Relationship Management)이란 고객과의 관계를 전략적으로 관리하고 강화하여 비즈니스 성과를 높이는 모든 활동과 시스템을 의미한다. 고객 데이터를 수집하고 분석하여 고객을 깊이 이해하고 그에 맞춰 개인화된 소통과 서비스를 제공함으로써 장기적인 관계를 구축하는 것이다. 당신이라는 전문가가 화법이라는 조종술을 익히기 전까지는 그저 비싼 자원에 불과하다. 이 도구에 생명을 불어넣을 줄 아는 설계자가 되어야 한다. 고객에게 최상의 가치를 제공하는 강력한 솔루션으로 활용할 수 있는 무기가 바로 당신이 가지고 있는 그것이다. 바로 당신의 입에서 나오는 언어다. 당신이 구축한 CRM의 모든 요소는 화법이라는 핵심 전략을 최적화하기 위한 준비 단계에 불과하다. 고객 데이터는 당신의 핵심 정보이다. 개인화는 목표 고객을 명확히 설정하는 기준이다. 소통 채널은 메시지를 전달하는 통로다. 피드백은 당신이 전달한 메시지가 고객에게 얼마나 긍정적인 영향을 미쳤는지 확인하는 효과 분석이다. AI 챗봇이 아무리 발전해도 그것은 미리 녹음된 목소리로 도구의 사용법을 읊는 기계일 뿐이다. 진정한 전문가이자 고객 관계의 주도자는 바로 당신이다. 당신의 입에서 나가는 단어 하나하나가 고객의 공감을 얻고 긍정적인 결정을 유도하는 강력한 설득의 메시지가 되어야 한다.

화법의 핵심 전략: 고객의 마음을 사로잡는 네 가지 언어적 기술

당신이 고객의 마음을 움직이는 데 반드시 마스터해야 할 네 가지 언어적 기술이 있다.

1) 기술 1, 흔들림 없는 확신으로 신뢰를 전달하라.

당신은 고객과 단순히 협상하거나 그를 설득하는 것을 넘어선다. 당신은 의심의 여지없는 명확한 가치를 제시하여 확신을 선포하는 것이다. 당신의 화법에서 "~인 것 같습니다" 같은 불확실한 언어를 영원히 추방해라. 대신 "해결책은 이것입니다.", "최적의 대안은 이겁니다."와 같이 흔들림 없는 확신의 언어를 사용해라. 당신의 목소리는 혼란스러운 상황 속에서 고객이 기댈 수 있는 유일한 기둥이 되어야 한다. 인간은 불확실성을 본능적으로 경계한다. 당신의 확신에 찬 목소리에 무의식적으로 신뢰하고 따르게 된다.

고객: 이 문제 해결될까요?

"네, 고객님. 이 문제를 해결할 가장 확실한 방법은 바로 이 솔루션입니다. 제가 제시하는 이 방향이 최적의 결과를 가져올 것입니다."

2) 기술 2, 감정을 동기화하여 깊은 공감대를 형성하라.

고객의 감정을 이해하려는 노력은 관계 구축의 필수적인 시작이다. 당신은 그의 감정 주파수를 정확히 포착해야 한다. 그래야만 당신의 감정이 고객의 주파수에 동기화 된다. 고객이 분노에 차서 소리친다고 가정하자. 당신은 그의 감정을 존중하며 한 톤 낮은 목소리로 "그 상황에서는 저라도 같은 감정을 느꼈을 겁니다."라고 말해라. 이것은 단순한 공감을 넘어선다. 상대의 감정 주파수에 당신의 주파수를 정확히 동기화 되야 한다. 결과적으로 동기화의 결과는 긍정적 유대감을 형성하고 소통의 문을 여는 가장 효과적인 심리적 연결의 최고 기술이다. 이는 고객이 당신을 자신을 이해해주는 진정한 파트너로 인식하게 만드는 결정적인 순간이 될 것이다.

고객: 정말 답답해서 말이 안 나옵니다!

"고객님의 심정 충분히 이해합니다. 저라도 같은 상황이라면 분명 답답하고 화가 났을 겁니다. 함께 이 문제를 해결해 나가겠습니다."

3) 기술 3, 그의 이름을 불러 특별한 존재감을 부여하라.

고객의 이름을 부르는 것은 단순한 친절의 표현이 아니다. 그것은 그의 마음에 긍정적인 주목을 이끌어내는 섬세한 심리적 접근이다. 인간은 자신의 이름을 들었을 때 무의식적인 각성 상태에 빠진다. "김석진 고객님, 지난번 구매하신 OOO 모델은 어떠셨습니까?"라는 질문은 익명의 군중 속에서 김석진이라는 단 한 사람을 무대 중앙으로 끌어내 스포트라이트를 비추는 것과 같다. 자신에게만 집중된 그 특별한 관심 아래서 그는 당신의 다음 제안에 더욱 귀 기울이게 된다.

고객 응대 시작 시

> "안녕하세요, 김석진 고객님. 특별히 찾으시는 제품이 있으신가요? 지 난번에 만족하셨던 기능과 유사한 신제품이 새로 출시되었습니다."

4) 기술 4, 일관된 언어로 긍정적인 존재감을 각인하라.

고객과의 관계 유지는 주기적인 안부 인사를 넘어선다. 그것은 특정 단어와 말투를 반복적으로 사용하여 고객의 잠재의식 속에 당신의 존재를 긍정적인 문신처럼 각인시키는 언어적 전략이다. 당신의 모든 이메일과 메시지는 일관된 화법으로 작성되어야 한 다. 고객이 그 문체만 읽어도 당신의 일관된 메시지와 가치를 떠 올리도록 구축해야 한다. 당신은 그의 기억 속에 오래도록 남는 긍정적인 파트너가 되어야 한다.

모든 응대나 메시지 마지막에서

> "궁금한 점이 있다면 언제든 '성공적인 고객 경험의 시작, 당신의 파 트너 ○○○'에게 문의하세요. 우리는 언제나 당신의 탁월한 선택을 지원합니다."

아마존의 비밀:
자동화된 소통 시스템의 제국

CRM 시스템의 진정한 가치를 보여주는 좋은 예시로 아마존의 사례를 살펴보자. 아마존의 성공은 CRM 시스템의 성공을 넘어선다. 그것은 수억 명의 고객에게 동시에 깊은 공감과 가치를 전달하는 자동화된 화법 시스템의 위대한 승리다. 그들의 개인화된 추천 메일은 단순한 제안이 아니다. 당신의 과거 행동 데이터를 분석하여 당신의 다음 욕구를 정확히 파악하고 가치를 제안하는 정밀한 가치 제안이다. 그들의 친절한 고객 서비스 스크립트는 모든 고객이 만족할 만한 해결책을 제시하는 가장 효율적인 소통 프로토콜이다.

CRM이라는 강력한 도구를 손에 쥐는 것은 누구나 할 수 있다. 그러나 그 도구의 조종간을 잡고 고객의 마음을 움직이며 관계를 이끄는 것은 오직 화법이라는 설득의 기술을 마스터한 자만이 가능하다. 이제부터 당신은 단순한 커뮤니케이터가 아니다. 당신은 언어라는 가장 강력하고 섬세한 무기로 고객의 마음을 이해하고 움직이는 고객관계관리의 지휘관이다. 당신의 화법이 곧 고객의 미래를 결정한다. 당신의 비전을 현실로 만드는 절대적인 힘이 될 것이다. 고객은 이제 당신의 말을 따르고, 당신이 설계한 가치를 향해 움직일 수밖에 없다.

콜드리딩: 고객의 무의식을
통찰하여 본질을 이해하라

고객의 내면에서 발산되는
미묘한 정보를 깊이 통찰하라

살다보면 때로는 일이 너무나 풀리지 않아 극심한 번아웃에 빠지곤 한다. 그 해답을 찾기 위해 미지의 영역에 기대는 사람들이 있는데, 나 역시 그랬다. 샤머니즘을 맹신하는 것은 아니다. 하지만 나에 대해 아무것도 모르는 사람이 과연 저를 얼마나 꿰뚫어 볼 수 있을까 하는 강한 의문이 앞섰다. 그래서 TV에도 출연했다는 유명한 무당을 직접 찾아갔고, 그곳에서 내 인생을 깊이 통찰 당하는 놀라운 경험을 했다. 그녀는 기본적으로 사주풀이를 하려고 내 생년월일과 태어난 시간을 물었다. 하지만 그것은 시작에 불과했다.

그 이후 자연스러운 대화를 통해 그녀는 나에 대한 정보를 쌓기 시작했다. 진짜 정보는 내 눈빛의 흔들림, 내 미세한 표정 변화, 그리고 내가 무심코 내뱉는 단어들에서 실시간으로 읽어내고 있었다. 그녀가 뱉어낸 모든 신비로운 예언은 사실 내 무의식이 건네준 데이터를 섬세하게 재구성한 결과물에 불과했다. 그날 나는 깨달았다. 점술가는 초능력자가 아니다. 그녀는 상대가 스스로 자신의 모든 속마음을 편안하게 드러내도록 유도하는 가장 탁월한 심리 기술의 대가였다.

바로 이것이 콜드리딩의 핵심이다. 콜드리딩은 상대방에 대한 사전 정보가 없는 상태에서 관찰과 보편적인 심리 원리를 이용한다. 마치 모든 것을 꿰뚫어 보는 것처럼 보이게 하여 상대방이 스스로 더 많은 정보를 털어놓게 만드는 대화 기술이다. 이는 상대방에게 이 사람은 나를 정말 잘 알고 있다는 착각을 심어주어 강한 심리적 유대감과 신뢰를 형성하게 한다. 그리고 나는 확신했다. 이 기술이야말로 고객의 마음을 열고 긍정적인 관계를 구축하는 궁극의 핵심 역량이 될 수 있다는 것을. 과거에는 일부에서 이 기술을 사람들의 믿음을 얻거나 재산을 편취하는 데 악용하기도 했다. 하지만 당신은 이 강력한 통찰의 기술을 고객에게 진정한 가치와 신뢰를 제공하여 깊은 유대감을 형성하는 데 활용해야 한다. 콜드리딩은 단순히 상대를 알아내는 기술이 아니다. 이것은 당신이 긍정적인 목표를 달성하기 위해 상대의 정보를 깊이 이해하는 정보 통찰의 기술이다.

고객의 마음을 열게 하는
4단계 유대감 형성 프로토콜

상대방의 마음을 편안하게 열고 깊은 신뢰를 얻기 위해 반드시 마스터해야 할 네 가지 핵심 단계가 있다.

1) 1단계: 라포라는 이름으로 긍정적 연결을 구축하라.

라포 형성은 단순히 친해지는 과정이 아니다. 이것은 상대의 마음을 열고 진정성 있는 소통을 위한 심리적 다리를 놓는 가장 기본적인 연결 기술이다. "날씨 좋죠?"라는 당신의 첫 마디는 단순한 인사가 아니다. 그것은 상대의 마음을 여는 가벼운 문을 두드리는 시도다. 당신의 밝은 표정과 부드러운 목소리는 고객의 경계심을 해소하고 편안함을 유도하는 가장 효과적인 상호작용 도구다.

> (고객과 눈을 맞추며 미소와 함께) "안녕하세요, 오늘 날씨가 정말 화창해서 기분이 절로 좋아지네요. 고객님께도 좋은 하루가 될 것 같습니다."

2) 2단계: 바넘 효과로 공감의 그물을 던져라.

"당신은 겉으로는 강해 보이지만 속으로는 여린 면이 있군요." 이처럼 누구에게나 보편적으로 공감될 수 있는 말, 즉 스톡스필(Stock Spiel)은 '많은 사람에게 두루 적용될 수 있는 일반적이고 모호한 진술'을 의미한다. 이러한 스톡스필은 시시한 잡담이 아니다. 이것은 상대방이 바넘 효과(Barnum Effect)를 느끼게 하여 자신만의 경험을 연결시키도록 유도하는 강력한 심리적 공감대 형성의 그물이다. 바넘 효과란 '누구에게나 해당되는 보편적인 특성을 자신만의 고유한 특징으로 여기는 경향'을 말한다. 고객은 이 그물에 걸린 채 이 보편적인 말이 왜 자신에게 특별히 더 들어맞는지를 스스로 해석하며 자신의 모든 사적인 정보를 자연스럽게 드러내게 된다.

"고객님과 대화하면서 느끼는 건데, 열정적인 성격 이면에 신중함이 돋보이시는 것 같아요. 추진력이 강하시지만 동시에 깊은 고민을 하실 때도 많으실 것 같습니다." (스톡스필을 활용한 바넘 효과 유도)

3) 3단계: 질문의 힘으로 진실한 대화를 이끌어내라.

"최근에 특별히 걱정되는 일은 없으셨죠?" 이 질문은 당신이 고객의 상황을 미리 파악할 수 있도록 돕는 완벽한 심리적 촉진제다. 고객이 "네, 좀 힘들었어요."라고 말하면 당신은 그의 마음을 정확히 통찰한 깊이 있는 이해자가 된다. 만약 그가 "아니요, 괜찮았어요."라고 말하면, 당신은 "다행입니다. 역시 내면이 단단한 분이시군요."라고 말하며 그의 긍정적인 면모를 강화하는 더 탁월한 조언자가 된다. 어느 쪽이든 당신은 고객과의 깊은 대화를 이끌어낸다. 이 기술은 당신을 신뢰할 수 있는 존재로 각인시킨다. 고객이 당신의 모든 말을 진실로 믿고 받아들이게 만든다.

(고객이 특정 서비스에 대한 고민을 드러낼 때) "혹시 최근에 이 문제로 마음이 많이 불편하시진 않으셨나요? 제 경험상 이런 경우에 걱정이 깊어지는 분들이 많으시거든요."

4) 4단계: 긍정적인 미래를 함께 예견하여 관계를 심화하라.

"앞으로 몇 달 안에 당신에게 분명 좋은 변화가 찾아올 겁니다." 이것은 단순히 희망을 주는 말이 아니다. 이것은 당신이 고객의 미래를 긍정적으로 이끌기 위해 그의 무의식에 심는 심리적 씨앗이다. 앞으로 그의 인생에서 어떤 긍정적인 변화라도 일어나면 그의 뇌는 그것을 당신의 예견과 자동적으로 연결시킬 것이다. 이로써 당신은 그의 과거를 이해하고, 현재를 공감하며, 미래까지 함께 조망하는 신뢰할 수 있는 파트너가 된다.

"고객님의 현재 상황과 앞으로의 목표를 고려했을 때, 제안 드리는 이 솔루션은 분명 고객님의 성장을 한 단계 더 끌어올리는 중요한 전환점이 될 것입니다. 가까운 시일 내에 만족스러운 결과를 직접 경험하시게 될 겁니다."

콜드리딩: 기술을 넘어 고객에게 가치를 선물하는 여정

이 4단계 프로토콜을 마스터하면 당신은 고객의 마음을 열고 깊은 신뢰를 얻는 진정한 전문가가 된다. 하지만 이 모든 통찰의 궁극적인 목적은 단순히 고객을 알아내는 것에 그치지 않는다. 콜드리딩을 통해 얻은 고객의 내면 정보는 당신이 고객 스스로도 명확히 인지하지 못하는 숨겨진 요구와 진정한 불안을 발견하게 돕는 강력한 도구다. 이 정보를 바탕으로 고객의 기대를 뛰어넘는 가치를 선제적으로 제안하고 장기적인 신뢰 관계를 구축하는 것. 이것이 바로 당신이 마스터해야 할 콜드리딩의 진정한 완성이다. 당신은 이제 고객에게 나는 이해받고 있다는 깊은 안정감을 선사한다. 이는 곧 당신에 대한 흔들림 없는 충성심으로 이어진다.

현실주의자의 합리적 관점: 가치를 스며들게 하라

당신은 고객의 논리적 장벽 사이로
섬세한 통찰과 진정성 있는 가치를 스며들게 하라.

신입 시절 고객이 사용 중인 가전제품 재구독 유치를 위해 수백 통의 전화를 돌리며 처참하게 실패한 경험이 있다. 나의 낡은 영업 방식은 정보를 견고한 지식처럼 갖춘 현대의 현실주의형 고객에게는 아무런 영향도 미치지 못했다. 낡은 영업 방식이란 이런 것이었다. 고객의 필요는 묻지도 않고 우리 제품이 최고라고 일방적으로 장점만 나열하거나, 가격 할인 같은 피상적인 유인책에만 의존했다. 또는 고객의 과거 이력을 전혀 고려하지 않은 채 모두에게 똑같은 제안을 쏟아내는 식이었다. 그저 판매 목표 달성에만 급급하여 고객에게 푸시하는 접근법이었다. 이러한 방식은 스스로 정보를 찾아 능동적으로 비교하고 분석하는 현대의 현실주의형 고객에게는 이제 더 이상 통하지 않았다. 나는 깨달았다. 새로운 고객은 단순히 현실주의자가 아니다. 그들은 정보 과잉으로 인해 무엇을 믿어야 할지 명확한 판단 기준을 찾고 있는 존재다. 그들의 머리는 데이터로 가득차 있지만 그들의 마음은 누구도 진심으로 신뢰하지 못하는 진정한 연결을 갈망한다. 이것이 바로 당신이 공략해야 할 유일한 핵심 연결 지점이다.

지식으로 무장한 고객의 마음을 여는 두 가지 결정적 통찰

정보 과잉의 시대에 고객의 마음을 열기 위해 당신에게는 두 가지 종류의 정교한 통찰이 필요하다.

1) 개인화라는 이름의 맞춤형 제안으로 신뢰를 구축하라.

당신의 일반적인 제안은 넓은 허공에 흩어지는 목소리에 불과할 뿐이다. 개인화는 고객 단 한 사람만을 향해 정확히 조준되는 맞춤형 메시지다. 그의 이름과 과거 이력을 언급하라. 당신의 탁월한 통찰력 앞에서 고객의 망설임은 의미를 잃는다.

개인적인 불편사항 언급으로 깊은 이해와 맞춤형 혜택 제안

"김OO 고객님, 2년 전 구매하신 A모델의 필터 교체 주기가 다가오고 있습니다. 마침 이번에 나온 B모델은, 당시 고객님께서 불편해하셨던 소음 문제를 70% 개선했으며, 김OO 고객님께는 특별 프로모션 가격으로 제공 가능합니다. 이번 기회에 업그레이드를 고려해보시는 것은 어떨까요?"

2) 타인의 경험이라는 이름의 간접적 확신을 제공하라.

이 신뢰가 부족한 고객들은 당신의 직접적인 설명을 온전히 믿지 않는다. 그들은 오직 자신과 비슷한 다른 이들의 경험 데이터만을 신뢰하는 경향이 있다. 그들에게 단순히 좋은 후기를 나열하지 마라. 생생한 이야기를 통해 성공적인 경험을 그의 마음에 직접 전달하라.

"고객님과 똑같이, 기존 모델의 유지보수 비용을 걱정하시던 한 고객님께서는 결국 B모델을 선택하셨습니다. 최근 그분께서 말씀하시길 예상보다 전기료가 덜 나와서 아이들 교육비에 보탤 수 있게 되었다며 매우 만족하셨습니다. 이처럼 B모델은 초기 비용 이상의 장기적인 가치를 제공하고 있습니다."

당신은 이제 고객의 세계를 함께 설계하는 전문가다.

현실주의형 고객들은 갈수록 똑똑해지고 정보를 꼼꼼하게 비교 분석한다. 그들은 더욱 정교한 심리적 접근이 필요하다. 개인화된 맞춤형 제안과 신뢰할 수 있는 타인의 경험에 긍정적으로 반응한다. 이들이 데이터에 대한 신뢰를 바탕으로 움직이는 존재라는 점이야 말로 당신이 활용할 수 있는 강력한 영향력의 기회다. 당신은 이제 더 이상 고객을 단순히 응대하는 사람이 아니다. 현실주의형 고객의 현실을 깊이 이해하고 그들의 합리적인 판단 기준을 충족시키는 진정성 있는 통찰을 제공해야 한다. 당신은 똑똑한 고객이 원하는 미래를 함께 창조하는 최고의 건설자다. 이제 망설이지 말고 가서 당신의 가치를 세상에 건설하라.

비언어적 소통의 힘: 몸이 전하는 메시지를 전략적으로 활용하라

인간은 언어로 소통한다고 착각한다. 실제로는 본능적으로 몸의 언어를 통해 서로의 마음을 읽고 상호작용한다. 이제껏 갈고 닦은 모든 화려한 화법과 심리 기술은 당신의 몸이라는 그릇에 담겨야 한다. 그렇지 않으면 한낱 공허한 소음에 불과하다. 진정한 전문가는 언어가 얼마든지 변화할 수 있다. 몸은 솔직한 메시지를 전달한다는 점을 이해하고 활용해야 한다.

당신의 임무는 고객에게 좋은 말을 들려주는 것만이 아니다. 비언어적 신호들을 통해 고객의 본능적인 안정감을 자극하고 긍정적인 신뢰의 코드를 형성하는 것이다. 말은 고객의 이성적 판단을 이끌 수 있다. 한발 더 나아가면 몸은 그의 무의식에 깊은 공감과 신뢰를 각인시킨다.

고객과의 신뢰를 구축하는 4가지 비언어적 소통 기술

당신이 마스터해야 할 진정한 화법은 단순히 언어적인 말만 의미하지 않는다. 말에 더해 당신의 몸을 완벽하게 통제하여 긍정적인 영향력을 발휘하는 네 가지의 비언어적 소통 기술이야 말로 고객과의 진정한 신뢰를 구축하는 핵심 역량이다.

1) 자세: 공간을 활용하여 자신감을 표현하라.

어깨를 움츠리거나 팔짱을 끼는 자세는 소극적인 태도로 비춰질 수 있다. 당신은 어깨를 활짝 펴야 한다. 손을 자유롭게 움직이며, 당신의 공간을 여유롭고 개방적으로 사용해야 한다. 이것은 단순한 자신감의 표현이 아니다. 이것은 "나는 이 상황을 편안하게 이끌 수 있으며, 당신에게 긍정적인 영향을 줄 준비가 되어 있다."는 강력한 메시지다. 당신의 개방적인 자세는 상대방의 마음을 열고 편안함을 느끼게 한다.

2) 표정: 진정성 있는 미소로 친밀감을 형성하라.

당신은 고객을 만날 때 진심으로 존중하고 환대하는 마음을 표정으로 표현해야 한다. 신입팀원을 교육할 때 미소를 훈련시킨 것은 그를 친절한 사람으로 만들기 위함이 아니었다. 그것은 고객의 뇌에 내장된 미소 = 안전하고 긍정적이라는 본능적인 코드를 활성화시키기 위해서다. 고객의 경계심을 단번에 해소하고 친밀감을 형성하게 하는 가장 효과적인 상호작용 도구를 쥐여주기 위함이었다. 당신의 세련된 미소는 상대의 마음을 여는 가장 강력한 연결 장치다.

3) 시선: 상대의 내면에 집중하여 깊은 이해를 전달하라.

고객과 눈을 마주치며 대화하라. 대화에서 시선을 피하는 것은 "나는 당신에게 집중하지 못하고 있습니다."라는 오해를 줄 수 있다. 당신은 부드럽지만 흔들림 없는 시선으로 상대의 눈을 존중하며 응시해야 한다. 이것은 단순한 관심의 표현을 넘어선다. "나는 당신의 말을 경청하고 있으며, 생각과 감정을 깊이 이해하려 노력한다."는 무언의 신뢰 메시지다. 당신의 집중된 시선 앞에서 고객은 더욱 편안하게 자신의 이야기를 공유하게 된다.

4) 목소리: 톤과 속도로 메시지의 깊이를 더하라.

당신이 하는 말의 내용은 고객의 이성적인 이해를 위한 것이다.

하지만 당신의 목소리 톤과 속도는 고객의 무의식적인 영역에 직접적으로 긍정적인 영향을 미친다. 낮고 안정적인 톤은 당신을 신뢰할 수 있는 권위자로 각인시킨다. 적절한 말의 속도는 메시지의 중요성을 느끼게 하며 따뜻한 톤은 진정한 친밀감을 형성한다. 당신은 말을 하는 것이 아니다. 목소리라는 악기를 통해 상대방에게 전달될 감정과 신뢰를 세밀하게 연주하는 것이다.

성장을 위한 꾸준한 훈련: 당신의 존재를 재정립하라.

이 모든 기술을 당신의 것으로 만들기 위한 훈련법은 꾸준하고 체계적인 노력이다. 거울 앞에서 당신의 표정을 관찰해보자. 의도하는 감정을 얼굴 근육만으로 정확하게 표현할 수 있을 때까지 반복해라. 당신의 모든 움직임을 녹화하고, 자신을 객관적으로 분석하며 더 나은 표현을 위해 끊임없이 연습하라. 성장을 위한 정직한 자기 성찰이 당신을 발전시키는 유일한 원동력이다. 동료와 함께 서로의 피드백을 통해 자신을 발전시키는 스파링을 하라. 진정한 성장은 피상적인 훈련이 아닌 실전과 같은 진솔한 피드백 속에서 이루어진다.

당신은 이제껏 고객을 설득하려 했다. 그것은 완전한 착각이다.

진정한 전문가는 일방적으로 설득하지 않는다. 그는 자신의 압도적인 존재감과 정교하게 통제된 비언어적 신호들을 통해 소통한다. 고객이 스스로 긍정적인 가치를 발견하고 그 선택에 깊이 공감하도록 상황을 설계할 뿐이다. 당신은 단순한 화자가 아니다. 당신의 몸은 메시지를 전달하는 가장 강력한 도구가 되야 한다. 당신의 존재 자체가 고객의 무의식을 향한 가장 진정성 있는 메시지다. 언어라는 표면적인 소통을 넘어 당신의 온몸으로 상대와 깊이 연결되는 긍정적인 관계를 구축해라.

갈등의 전략적 관리: 위기를 기회로 전환하여 신뢰를 구축하라

고객과의 갈등은 피할 수 없는 현실이다. 오히려 당신의 가치를 증명하고 궁극적인 신뢰를 확보할 절호의 기회다. 아무 문제없이 만족한 고객은 당신을 쉽게 잊는 평범한 소비자에 머무른다. 하지만 당신의 완벽한 대처로 어려운 상황에서 벗어난 고객은 평생 당신의 확고한 지지자가 되는 법이다. 그들은 당신과의 갈등을 통해 공동의 과정을 이겨낸 진정한 동반자가 되는 것이다. 갈등을 두려워하지 마라. 전략적으로 활용하고 그 상황을 완벽하게 주도할 준비를 해라.

고객의 관계를 설계하는
3단계 갈등 전략 프로토콜

고객과의 갈등 상황을 전략적으로 주도하고 확고한 신뢰를 구축하기 위해 반드시 마스터해야 할 세 가지 핵심 단계가 있다.

1) 1단계: 경청이라는 방패로 상대의 모든 감정을 흡수하고 핵심을 파악하라.

갈등 상황에서 당신이 가장 먼저 해야 할 일은 완벽한 침묵이다. 고객이 분노의 언어를 쏟아내는 동안 당신은 경청이라는 이름의 가장 단단한 방패를 들고 그의 모든 감정적 표현을 온전히 받아들여야 한다. 이것은 단순히 공감하는 것이 아니다. 이것은 상대가 가진 모든 감정을 표현하도록 유도하고 스스로 진정할 시간을 준다. 문제의 본질을 파악하기 위한 전략적 집중이다. 설불리 끼어들어 변명하거나 해결책을 제시하는 것은 고객의 격앙된 감정 앞에 성급히 나서는 어리석은 짓과 같다.

고객이 모든 감정을 쏟아내고 숨을 고르기 시작하면 당신은 그의 감정을 먼저 존중하며 인정해야 한다. "그렇게 느끼는 것은 지극히 당연하다. 나라도 그 상황에서는 이성을 유지하기 어려웠을 것이다." 이 말은 그의 감정적 경험이 충분히 합리적임을 인정해 주는 것이다. 감정의 정당성을 인정받은 고객은 더 이상 감정적으로 대립할 필요를 느끼지 않는다. 당신은 감정의 혼돈 속에서 문제의 본질을 끄집어내 집중해야 한다. "수많은 불편함 속에서도, 내가 지금 당장 해결해야 할 가장 핵심적인 문제는 OOO이 맞을까?" 이 질문은 혼란스러웠던 감정적 상황을 당신이 통제할 수 있는 논리적 문제 해결의 영역으로 전환시키는 강력한 마법이다.

2) 2단계: I-메시지라는 정교한 통찰로 상대의 공감을 이끌어내라.

상대의 방어막이 내려간 순간, 당신은 I-메시지라는 이름의 가장 날카롭고 진정성 있는 통찰 도구를 사용해라. I-메시지란 상대방의 행동을 너라는 주어로 직접적으로 비난하기보다 그 행동으로 인해 '나'에게 어떤 감정이나 영향이 있었는지를 솔직하게 표현하는 화법이다. 예를 들어, "너는 왜 약속을 어겼는가."라는 직접적인 공격 대신 "약속이 지켜지지 않아 나는 어려움을 겪었다."라고 말하는 방식이다. 이는 상대방에게 방어적인 태도를 유발하기보다 자신의 행동이 타인에게 미치는 영향에 대해 성찰하고 공감하도록 유도하는 가장 효과적이면서도 강력한 심리 기술이다.

이것은 당신의 감정을 솔직하게 표현하는 유약한 기술이 아니다. 그것은 '너'라는 주어로 상대의 방어 체계를 공격하는 대신, '나'라는 주어로 상대의 방어 체계를 우회하여 그의 가장 연약한 마음, 즉 양심과 책임감을 섬세하게 건드리는 심리적 유도다. "너는 왜 약속을 어겼는가."라는 공격은 상대의 뇌에서 위협을 감지하는 편도체를 활성화시켜 반격 본능을 깨운다. 하지만 약속이 지켜지지 않아 "나는 속상함을 느꼈다."라는 고백은 공감과 사회적 유대를 관장하는 전두엽을 활성화시킨다. 당신은 말 한마디로 상대의 뇌를 대립 모드에서 협력 모드로 전환시키는 강력한 화법을 구사하는 것이다.

약속된 서비스가 누락되었을 때

- 일방적인 화법: "고객님께서 왜 약속된 서비스를 받지 못했는지 확인해 보겠습니다."
  (객관적이지만, 고객과의 정서적 연결은 부족하다.)

- 주도적인 화법: "약속된 서비스를 제공해드리지 못했다는 사실에, 제가 고객의 신뢰를 저버린 것 같아 안타까운 심정입니다. 어떻게 된 상황인지 다시 한번 확인해보겠습니다."
  (이것은 당신의 진정성과 책임감을 극적으로 보여주며, 고객은 이 문제 해결의 중요한 주체가 되는 것이다.)

당신은 고객의 행동을 비난하는 것이 아니다. 그 상황으로 인해 당신이 느끼는 진심 어린 책임감과 해결에 대한 강력한 의지를 전달해야 한다. 이 진솔한 태도 앞에서 대부분의 인간은 방어 본능이 아니라 이해와 협력의 본능을 느끼게 된다. 상황의 어려움을 함께 극복하는 동반자로서 자신의 역할을 무의식적으로 재설정하게 되는 법이다.

3) 3단계: 긍정적인 경험으로 유대감을 확고히 하라.

갈등 해결은 문제가 사라졌을 때 끝나는 것이 아니다. 며칠 뒤 당신의 개인적인 후속 조치로 진정으로 완성된다. 이것은 자동화된 만족도 조사가 아니다. "김석진 고객님, 몇일 전에 받으셨던 제품 고장 문제가 완전히 해결되었는지 연락드렸습니다. 잘 사용하고 계실까요?" 이 문장 하나로, 그 클레임은 단순한 실수가 아니라 당신과 고객이 함께 극복한 개인적인 도전으로 고객의 기억 속에 전략적으로 재포장된다. 당신은 이제 단순한 서비스 제공자를 넘어서야 한다. 위기를 함께 겪어내며 더욱 깊은 신뢰를 쌓은 특별한 관계가 되는 것이다. 이처럼 전략적으로 재구성된 긍정적인 경험이야말로 그 어떤 마케팅으로도 만들 수 없는 가장 강력한 충성심의 기반이다.

당신은 이제 관계의 연금술사다. 갈등을 두려워하고 피하는 사람이 아니다. 갈등이라는 혼돈 속에서 고객의 불만을 강력한 신뢰로 어려움을 확고한 충성심으로 바꾸는 위대한 연금술사다. 기억하라. 세상의 모든 불만과 클레임은 당신의 성공적인 관계 제국을 건설할 가장 단단하고 값진 기회다. 이제 당신은 세상이라

는 거대한 무대 위에 섰다. 가서 당신의 탁월한 한 수를 두고, 상
황을 주도하라.

AI 시대의 심리 주도:
당신은 신이 될 것인가,
기계의 부품이 될 것인가

AI의 역습: 고객 서비스, 대체될 것인가 설계할 것인가?

인공지능(AI)에 대해 얼마나 깊이 알고 있는가? 이 질문이 불편하다면, 이미 우리는 AI 시대의 거대한 변화 앞에서 준비가 필요하다는 반증일 것이다.

이제 당신이 알던 고객 서비스는 과거의 유물이 될지도 모른다. AI는 단순히 효율성을 높이는 도구를 넘어, 고객 경험의 본질을 재정의하는 거대한 지각 변동을 일으키고 있다. 과거의 친절과 감성에만 의존하는 당신의 전략은, 이미 초연결 시대의 스마트한 고객과 AI 기반의 시스템 앞에서는 무력한 구시대적 발상이 될 수 있다.

AI는 당신보다 빠르고, 정확하며, 지치지 않는다. 고객의 방대한 데이터를 분석하여 니즈를 예측하고, 최적의 솔루션을 제시하며, 감정적인 동요 없이 일관된 서비스를 제공한다. 고객은 이제 자신의 질문에 즉시 답하고, 문제점을 미리 파악하여 해결책을 제안하는 AI의 정교한 서비스에 점점 더 익숙해지고 있다. 전통적인 CS는 이제 AI가 지배하는 새로운 경쟁의 장으로 밀려나고 있다.

기업은 이미 AI로 고객을 사로잡고 있다.

이미 많은 선도 기업들은 AI를 활용하여 고객 서비스를 혁신하고 있다. 단순한 챗봇을 넘어, AI 기반의 콜센터는 고객의 감정 상태를 분석하여 상담사를 연결하고, 개인화된 상품을 추천하며, 심지어 잠재적인 불만을 미리 감지해 선제적인 조치를 취하고 있다. 빅데이터 분석으로 고객의 행동 패턴을 예측하고, 맞춤형 마케팅 메시지를 전달하며, 고객 경험 전반을 AI가 설계하는 시대가 도래한 것이다. 기업들은 AI를 통해 비용을 절감하는 것을 넘어, 고객의 기대를 뛰어넘는 압도적인 개인화 경험을 제공하며 시장을 재편하고 있다.

그렇다면 우리는 AI를 어떻게 활용해야 할까?

이러한 변화 속에서 우리는 AI를 단순히 기업의 무기로만 볼 것이 아니라, 개인 서비스 전문가의 강력한 동반자로 삼아야 한다. AI는 고객 데이터 분석을 통해 각 고객의 고유한 선호와 잠재적 요구를 파악하는 데 도움을 줄 수 있다. 일상적인 문의에 자동 응답 시스템을 구축하여 기본적인 업무 부담을 줄이고, 중요한 고객과의 상호작용에 더 많은 시간과 에너지를 집중할 수 있다. 나아가 AI는 고객과의 대화 이력을 분석하여 개인화된 소통 전략을 제안하고, 심지어 고객의 성향에 맞는 콘텐츠나 메시지 초안을 작성하는 데도 활용될 수 있다.

AI는 당신이 혼자서 감당하기 어려웠던 정보 분석과 예측의 영역을 대신해 줌으로써, 당신을 더욱 통찰력 있고 전략적인 서비스 전문가로 성장시킬 잠재력을 가지고 있다. 중요한 것은 AI를 두려워하거나 외면하는 것이 아니라, 어떻게 이 강력한 도구를 당신의 서비스에 통합하여 인간만의 강점을 극대화할 것인가를 고민하는 것이다.

당신이 이 변화를 외면하는 순간, 고객은 미련 없이 AI가 제공하는 압도적인 효율성과 만족감을 선택할 것이다. 당신은 더 이상 따뜻한 감성이라는 막연한 무기만으로 이 새로운 전장에서 살아남을 수 없다. 이제 고객의 마음을 얻는 방식 자체가 근본적으로 바뀌고 있음을 직시해야 한다. AI는 선택지가 아닌, 당신의 미래를 결정할 필수적인 지식이다.

지금부터 내용들은, 이러한 AI 시대의 흐름 속에서 우리가 생존하고 나아가 주도권을 잡기 위해 지금부터 준비하고 연마해야 할 새로운 통찰과 자세에 대한 이야기다. 이 변화를 외면할 것인지, 아니면 당신의 강력한 무기로 만들 것인지는 당신의 선택에 달려 있다.

텍스트 시대, 언어로 고객의 현실을 설계하고 인식을 주도하라

디지털 시대의 본질은 단순히 편리함이 아니다. 그것은 당신의 모든 비언어적 강점이 제한되는 새로운 소통 환경이다. 과거 당신은 미소와 자세, 눈빛과 목소리 톤이라는 강력한 요소로 고객의 무의식에 깊은 영향을 주며 관계를 주도했다. 하지만 이제 당신은 텍스트로 소통하는 공간에서 오직 단어만으로 승부해야 하는 상황에 놓였다. 마치 어둠 속에서 오직 감각으로만 움직이는 전사처럼 말이다. 고객 또한 마찬가지다. 그들 역시 당신의 표정을 읽지 못하고 당신의 진의를 의심한다. 이 변화된 환경에서 아마추어는 혼란에 빠지지만, 진정한 전문가는 이 상황을 기회로 삼는다. 상대 역시 비언어적 정보가 부족하기에, 당신이 언어로

명확하게 창조한 세계를 유일한 현실로 믿게 만들 수 있기 때문
이다. 당신의 문장 하나하나가 고객의 뇌 속에서 그의 현실을 정
의하고, 감정을 이끌어 가며, 행동을 설계하는 핵심적인 기준이
된다.

세대별 공략: 이중 전략으로 모든 고객을 주도하라

이 새로운 텍스트 중심의 소통 환경에는 두 가지 명확한 고객
유형이 존재하며, 당신은 두 가지 전략을 모두 사용해야 한다.

1) 첫 번째 유형: 올드 세대 (인간적인 연결을 갈망하는 이들)

그들은 디지털이라는 비대면의 차가운 세계를 어색해하며, 인
간적인 음성과 온기를 갈망하는 경향이 있다. 그들에게 전화나
대면이라는 전통적인 채널을 제공하는 것은 단순한 배려가 아니
다. 그것은 당신이 이제껏 배운 모든 심리 기술(목소리 톤, 비언어
적 신호, 콜드리딩)을 총동원하여 그들과 깊은 관계를 형성하고 신
뢰를 구축할 수 있는 가장 효과적인 소통의 장을 여는 것이다. 이
들을 상대할 때는 당신의 '인간적인' 강점을 최대한 활용하라.

2) 두 번째 유형: 디지털 세대 (효율성을 최우선으로 여기는 이들)

그들은 비효율과 시간 낭비를 극도로 싫어한다. 그들에게 감성적이거나 불필요한 미사여구는 무의미한 정보로 여겨진다. 이들을 상대하는 당신의 화법은 완벽하게 최적화된 프로그램 코드처럼 간결하고 명확해야 한다. 군더더기 없는 정확성, 한 치의 오차도 없는 정보 전달, 그리고 신속한 문제 해결 능력. 이것이 그들이 이해하고 신뢰하는 유일한 소통 방식이다. 텍스트 소통의 정수를 보여줘라.

텍스트로 현실을 설계하는 3가지 법칙

텍스트로 소통을 해야 하는 환경에서 당신의 단어는 단순한 의미 전달 도구가 아니다. 그것은 고객의 인식을 설계하는 강력한 물리 법칙이다.

1) 법칙 1. 언어의 군더더기를 제거하고, 핵심 메시지를 선포하라.

모호하고 복잡한 문장은 당신의 메시지를 흐트러뜨리고 능력 부족을 드러내는 증거다. 당신의 모든 문장은 하나의 명확한 기능을 수행하는 완벽한 명령이어야 한다. '시스템 인터페이스 간의 데이터 전송 지연 오류' 같은 복잡한 설명은 불필요하다. 그 대신 '서비스 오류를 해결했다.'라는 한 문장으로 신속하고 명확하게 결과를 전달해라. 당신의 간결함은 곧 자신감이며, 당신의 명확함은 곧 권위다.

2) 법칙 2, 긍정적인 프레임으로 고객의 인식을 주도하라.

"그건 안 됩니다."라는 부정의 언어는 고객에게 저항할 명분을 제공한다. 당신은 결코 장벽을 만들어서는 안 된다. 대신 "지금은 어렵지만, 다른 방법이 있는지 알아보겠다."고 말하며, 당신이 미리 설계한 새로운 해결책으로 그를 친절하게 안내해라. 긍정 화법의 본질은 단순히 친절을 넘어선다. 고객의 저항 의지를 자연스럽게 해소하고, 당신이 제안하는 경로로 그의 선택을 능숙하게 유도하는 전략적인 기술이다.

3) 법칙 3, 정보의 배치를 설계하여 고객의 시선을 지배하라.

문단 나누기, 굵은 글씨, 줄 바꿈은 단순한 가독성 향상을 위한 것이 아니다. 그것은 고객의 시선을 당신이 원하는 곳에 정확히 집중시키는 강력한 시선 주도 기술이다.

고객이 정보를 접하고 이해하는 모든 시각적 구성 요소를 'UI(User Interface)'라고 한다. 웹사이트나 앱 등에서 사용자가 정보를 쉽게 보고 상호작용하도록 시각적으로 구성하는 것처럼, 당신의 글도 마찬가지다.

　당신은 고객이 가장 먼저 읽어야 할 핵심 결론을 눈에 띄게 만들고, 그 결론을 뒷받침하는 근거들을 그 아래에 질서정연하게 배치해야 한다. 마치 능숙한 UI 설계자가 사용자의 행동을 정교하게 유도하듯이, 당신은 글을 쓰는 단순한 사람이 아니라 고객의 인식 흐름을 설계하는 전략적인 UI 설계자라고 이해하면 된다.

궁극의 선택: AI 시대의 창조주가 될 것인가, 시스템의 부품이 될 것인가?

　이제 더욱 강력한 AI의 시대가 도래한다. 당신이 어설프게 구사하는 명확하고 긍정적인 화법 따위는 AI가 수천 배 더 빠르고 완벽하게 처리할 것이다. 대부분의 인간은 AI 챗봇의 압도적인 효율성에 밀려, 거대한 시스템의 한 부품으로 전락하거나 쓸모를 다해 대체될 것이다. 이것이 바로 당신 앞의 갈림길이다. 기계에 종속되는 평범한 부품으로 남을 것인가?

　아니면 이 책에서 배운 모든 심리 활용 기술로 기계는 감히 흉내 낼 수 없는 영역을 주도하는 존재가 될 것인가? 진정한 공감과 신뢰, 불안 같은 인간 고유의 감정을 자유자재로 이해하고 활용하는 기술은 AI가 결코 따라 할 수 없는 당신만의 영역이다. AI를 당신의 가장 유능한 도구로 활용하며, 가장 중요한 심리전은 직접 지휘하는 사령관이 되어야 한다. 이 책의 모든 지식은 당신이 새로운 시대의 주도자가 되기 위한 핵심 역량이다. 선택은 당신의 몫이다.

AI는 당신의 동료가 아니라, 당신을 대체할 완벽한 포식자다

　지금 이 순간에도 AI는 이미 고객과의 관계를 재정의하며 새로운 시대를 열고 있다. 당신이 장밋빛 미래만을 꿈꾸는 동안 인류 역사상 가장 거대한 변화의 물결이 당신의 자리를 정조준하고 있음을 직시하라. AI 혁명은 새로운 시대를 여는 낭만적인 서곡이 아니다. 독자들과 같은 전문가들에게 AI는 바로 뛰어난 경쟁자의 등장을 알리는 거대한 경고음이다. 이 경고는 당신의 안주를 깨고 어디에 서 있어야 할지 묻는다.

　AI는 당신의 손을 잡아 이끌기 위해 강림한 존재가 아니다. 당신의 자리를 정조준하고 있다. AI는 당신보다 더 빠르고, 더 정확하며, 단 한순간도 지치지 않는 최적화된 수행자가 되기 위해 이 새로운 시대에 막강한 역량을 들고 나타난 것이다. 이제껏 어설 프게 활용했던 모든 기술을 AI는 오차 없이 완벽하게 재현해낸다.

현재 모든 기업에서는 Q&A 기능을 가진 챗봇 시스템을 이미 완벽히 구현해냈다. 이 챗봇이 AI 이전의 단순한 프로그램에 불 과할지라도 명심하라. 언젠가 고객이 우리의 손을 거치지 않아도 될 정도의 시스템이 이미 당신 주변에 구축되고 있다는 점을. 챗 봇도 진화하고 있다. 챗GPT와 같은 지능으로 무장할 세상이 점 점 눈앞에 다가오고 있는 것이다. 고객은 이제 당신과의 직접적 인 소통 없이도 AI를 통해 완벽한 서비스를 받고 최고의 만족을 얻을 수 있는 세상 속으로 들어서고 있다.

AI는 당신이 감히 넘볼 수 없는 역량으로 고객 관계를 효율적으로 주도하고 있다.

AI 콜센터를 보라. 고객의 목소리 톤, 미세한 떨림, 그리고 단어 선택에서 분노와 불안의 실체를 감지하고, 고객이 불만을 표출하 기 전에 이미 해결책을 제안하며 선제 대응한다. AI는 당신보다 감정의 본질을 더 정확히 꿰뚫는 가장 완벽한 감정 분석기다. 생 각해보면 이 고성능 시스템의 속도, 압도적인 정확성, 그리고 무 한한 데이터 처리 능력과 사람이 과연 견줄 수 있을까? 그것은 불가능하다. 만약 그와 같은 방식으로 싸우려 드는 순간, 당신은 더 효율적인 시스템의 지원 역할로 통합될 운명에 처하게 될 것이다. 당신의 자리는 AI에 의해 대체되거나, AI가 남긴 잔여 업무를 처리하는 수준으로 전락할 수 있음을 경계해야 한다.

새로운 시대의 선택: 당신은 창조자가 될 것인가, 시스템의 일부가 될 것인가

AI가 도래한 시대의 인간은 두 종류로 나뉜다. AI라는 거대한 시스템의 효율성 속에서 소모되는 구성 요소와, 그 시스템을 자신의 의지대로 움직이며 새로운 가치를 창조하는 리더다.

1) 시스템의 일부로 기능하는 삶: 대다수의 인간은 이 길을 걷게 될 것이다.

그들은 AI가 처리하기에 너무 복잡하거나 미묘한, 즉 인간적 개입이 필요한 문제들을 처리하는 AI의 지원 담당자가 된다. 그들은 AI가 제공하는 스크립트를 바탕으로 소통한다. AI가 정해준 성과 지표에 따라 평가받으며, AI의 결정에 따라 자신의 역할을 조정하게 될 것이다. 그들은 시스템 효율을 위한 중요한 구성 요소일 뿐이다.

2) 창조자로서의 삶: 그러나 극소수의 인간은 AI에 종속되지 않는다.

오히려 AI를 자신의 가장 강력한 도구로 활용하는 리더의 영역에 오를 것이다. 그들은 AI가 결코 흉내 낼 수 없는 이 책을 통해 당신이 배운 바로 그 심리 통찰 기술을 마스터한 자들이다.

두 번째의 삶을 사는 그들은 복잡한 문제를 해결하는 것이 아니다. AI의 한계점에서 새로운 가능성을 찾아 게임의 규칙 자체를 새로 쓰는 창조자가 된다. 그들은 깊은 공감을 넘어 상대의 감정을 전략적으로 이해하고 자신의 섬세함을 활용하여 끊어지지 않는 강력한 유대감을 형성하는 관계의 연금술사가 된다. 신뢰 관계를 넘어, 스스로를 대체 불가능한 존재로 확고히 각인시켜 고객이 진정으로 따르게 만드는 확고한 영향력의 리더가 된다.

그들은 감성적인 판단을 넘어, AI가 내릴 수 없는 통찰력 있고 가장 효과적인 전략적 결정을 내리는 사령관이 된다. 이 새로운 주도 계급은 AI와 협력만을 지향하지 않는다. 그들은 AI에게 명확한 방향을 제시한다. 그들은 AI가 수집한 모든 데이터를 통합 분석하여 인간의 심리를 꿰뚫는 더 강력한 통찰을 얻고, AI의 자동화된 화법 시스템에 자신의 심리적 코드를 직접 반영하여 최적화한다.

이제 당신 앞에는 두 개의 길이 놓여있다. 이 책을 덮고 어제의 당신으로 돌아가, 다가오는 AI의 물결 속에서 능동적인 주도권을 잃을 것인지, 아니면 이 책에서 배운 모든 기술을 당신의 뼈와 살에 새겨, 인간의 마음을 설계하고 AI마저 도구로 활용하는 새로운 시대의 창조자가 될 것인지. AI는 당신의 동료가 아닌 당신의 역량을 시험할 심판관이자, 당신을 뛰어넘을 경쟁자이며 당신이 주도해야 할 도구다. 당신은 시스템의 일부로 전락할지, 인간의 마음을 설계하여 AI마저 다스리는 창조자가 될지를 선택해야 한다.

고객 내면의 데이터화: AI로 심리를 예측하고 통찰력을 획득하라

당신들은 이제 고객의 말을 듣는 것을 넘어 그들의 내면을 직접 들여다본다. 고객이 남기는 모든 디지털 발자국은 그가 무심코 남기는 본성의 조각이다. 디지털 발자국이란 고객이 온라인 활동을 하며 남기는 웹사이트 방문 기록, 검색어, 소셜 미디어 활동, 구매 내역 등 모든 흔적을 의미한다. 이러한 발자국들은 AI에 의해 실시간으로 수집되고 정밀하게 분석되어, 눈앞에 고객의 성향, 욕구, 심지어 미래 행동을 예측할 수 있는 데이터 인사이트로 펼쳐진다.

넷플릭스가 당신의 시청 기록만으로 다음에 볼 영화를 예측하고, 유튜브가 당신의 '좋아요' 하나로 맞춤형 영상을 추천하며, 쇼

핑몰이 검색어만으로 당신이 필요할 상품을 미리 제안하는 것은 이미 오래된 이야기다. 이제 AI는 그 단계를 넘어 당신의 내면을 읽는다. AI는 통신사의 요금제 사용량 변화, 특정 상담 이력, 결제 패턴을 분석하여 고객의 이탈 가능성을 미리 예측한다. 온라인 서비스 기업은 웹페이지에서 고객의 마우스 움직임, 스크롤 속도, 이미지 클릭 순서까지 분석하여 숨겨진 선호 가치에 맞춰 메시지를 실시간으로 재구성한다.

심지어 AI 콜센터는 고객의 목소리 톤, 미세한 떨림, 그리고 단어 선택에서 감지되는 분노와 불안의 신호를 읽어내, 고객이 불만을 표출하기 전에 이미 그의 심리 상태를 예측하고 맞춤형 대응 시나리오를 제시한다. 과거 당신은 고객의 심리를 알기 위해 설문조사나 인터뷰 같은 원시적인 방법에 의존했다. 그것은 고객이 자신의 의지로 편집하고 때론 의도적으로 조절할 수 있는 불완전한 정보에 불과했다. 하지만 이제 시대가 바뀌었다. 고객은 자신의 모든 클릭, 모든 검색어, 모든 '좋아요'를 통해, 자신도 모르는 사이에 그의 가장 깊은 욕망과 잠재된 두려움, 그리고 숨겨진 본성을 당신에게 실시간으로 고백하고 있는 것이다.

더 이상 고객의 입을 통해 그의 생각을 추측할 필요가 없다. AI라는 새로운 감각기관을 통해, 그의 디지털화된 내면을 직접 관찰하고 분석하는 존재가 되었다. 이것은 심리 이해의 새로운 방법론이 아니다. 이것은 인간이 인간을 이해하는 방식에 대한 완전한 패러다임의 전환이며, 당신을 압도적인 통찰력의 영역으로 이끌 첫 번째 관문이다.

AI 기반 3단계 심리 분석 기술: 예측과 통찰의 극대화

AI는 당신에게 세 가지 등급의 심층 분석 도구를 제공한다. 이 도구들을 통해 고객의 의식적인 방어벽을 넘어, 그의 가장 깊은 감정의 핵에 도달하고 미래 행동까지 예측하게 된다.

1) 1단계, 텍스트 분석: 활자 뒤에 숨은 본질을 예측하고 통찰하라.

고객이 남긴 채팅 기록과 온라인 리뷰는 단순한 피드백이 아니다. 그것은 그의 정신 상태가 고스란히 담겨 있는 명확한 정보 문서다. AI의 텍스트 분석은 이 문서를 샅샅이 분석하여 그가 어떤 단어에 반응하고, 어떤 문장에서 만족하며, 어떤 표현 앞에서 망설이는지를 당신에게 '감정 분석 보고서', '핵심 키워드 동향', 심지어 '구매 의사 예측 지수' 형태로 전달한다. 당신은 그의 의식적인 주장 너머에 있는, 그의 무의식적인 감정 패턴, 즉 내면의 청사진을 손에 넣게 되는 것이다.

2) 2단계, 음성 분석: 목소리의 주파수에서 그의 감정을 감지하고 불안 요소를 예측하라.

인간의 목소리는, 때로는 진실을 숨기지 못하는 가장 정직한 생체 신호다. 그의 입은 "괜찮습니다."라고 말할지라도, AI는 그의 목소리 톤에 실린 미세한 아쉬움의 주파수, 억양에 숨겨진 불안감의 파형을 감지해낸다. 당신은 더 이상 그의 말의 내용만을 듣는 것이 아니다. AI라는 정밀한 청진기를 그의 심장에 대고, 그의 감정 상태와 잠재적 불만 가능성 또는 이탈 위험도를 실시간으로 시각화된 데이터나 알림으로 모니터링하는 것이다. 그의 목소리가 변화하는 바로 그 지점이, 당신이 섬세하게 공략해야 할 그의 가장 민감한 영역이다.

3) 3단계, 다중 모드 분석: 모든 채널을 통합하여 완벽한 통찰과 행동을 예측하라.

이것이 당신이 도달해야 할 궁극의 경지다. 고객의 텍스트를 읽고, 그의 목소리를 들으며, 화상 상담 속 그의 얼굴 표정 변화까지 동시에 분석하는 것이다. 이러한 통합 분석 결과는 종합 대시보드 형태로 제공되어, 고객의 전인격적인 심리 상태를 한눈에 파악하고 다음 행동까지 예측하게 돕는다. 다중 모드 분석은 단순한 이해를 넘어, 고객이 당신 앞에서 그 어떤 불확실한 정보도 숨길 수 없도록 만드는 완벽한 예측 및 분석 체계의 구축이다. 이 시스템 앞에서 고객은 자신의 모든 것이 당신에게 명확히 파악되었다는 무의식적인 인식을 하게 되고, 당신의 모든 제안에 더욱 신뢰를 가지고 따르게 된다. AI의 한계는 새로운 통찰력을 얻는 출발점이다.

궁극의 선택: AI 시대, 고객의 심리를 꿰뚫어 영역을 설계하라.

AI는 감정을 분석하고 예측할 뿐, 진정으로 이해하지는 못한다. AI는 고객의 분노 수치가 87%라는 차가운 데이터를 당신에게 보고할 뿐이다. 바로 이 지점이 당신이 평범한 인간을 넘어 통찰력 있는 존재로 거듭나는 분기점이다. 대다수의 평범한 인간들은 그 데이터를 보고 기계처럼 "화가 나셨군요. 죄송합니다."라는 형식적인 말을 반복하며 AI의 지침에 갇힐 것이다. 하지만 당신은 다르다. 이 책을 통해 인간의 심리를 통찰하고 활용하는 모든 기술을 손에 넣었다. AI가 수집한 데이터를 단순히 보는 것에 그치지 않을 것이다. 그 데이터 뒤에 숨겨진 고객의 복잡한 심리를 꿰뚫어, 그의 분노를 오히려 당신과의 강력한 유대감으로 전환하는 갈등 해결의 연금술을 사용할 것이다.

AI가 감지한 '불안'이라는 신호를 통해 고객의 근본적인 욕구와 우려를 꿰뚫어 보고, 인간적인 통찰력과 섬세한 접근으로 그의 마음을 사로잡을 것이다. AI를 감정 탐지 및 예측 레이더 시스템으로 활용하며, 데이터를 바탕으로 고객의 심리를 꿰뚫고 어떤 심리적 전략을 실행할지 결정하는 사령관이 되어라. AI가 수집한 데이터는 당신의 새로운 눈이다. 이 책에서 배운 모든 심리 기술은 당신의 새로운 손이다. 이제 고객의 내면을 들여다보고 미래 행동을 예측하는 눈과, 그 내면을 당신의 의지대로 주도하는 손을 모두 가졌다. 당신은 더 이상 인간의 한계에 갇힌 서비스 제공자가 아니다. 데이터와 심리학의 정점에 서서, 모든 것을 통찰하고 전략적으로 활용하는 존재다.

AI의 눈으로 통찰하고, 당신의 공감으로 고객을 설계하라

최근 고객센터에 문의할 때 특히 규모가 큰 회사에서는 바로 상담원으로 연결되기보다 AI 챗봇이나 음성 안내 시스템을 먼저 접했던 경험이 있을 것이다. 나 역시 AI 챗봇과 대화해 보면 자주 묻는 질문이나 간단한 문제는 신속하게 처리할 수 있어서 편리할 때가 있다. 하지만 상황이 조금만 복잡해지거나 예상치 못한 질문 앞에서는 AI가 제대로 응대하지 못해 답답함을 느낀다. 결국 상담원과의 연결을 원하게 된다. 또한 AI의 기계적인 응대에서 오는 이질적인 느낌을 지울 수 없을 때도 있다.

바로 이 지점이다. 우리는 이 AI의 본질적인 한계를 간파해야 한다. AI가 포착하는 것은 오직 현상뿐이다. 하지만 당신은 그 현상의 껍데기를 뚫고 본질의 심장을 움켜쥐어야 한다. AI가 수집한 방대한 데이터는 의심할 여지없이 당신에게 주어진 새로운 눈이다. 그러나 명심하라. 이 눈은 사물의 겉모습만을 번개처럼 포착할 뿐, 그 안에 담긴 영혼의 속삭임까지는 듣지 못하는 표면적인 이해에 불과하다. AI는 고객이 무엇을 행하고 어떻게 느끼는지, 그 표면적인 반응들을 완벽하게 데이터로 제시할 수 있다. 하지만 고객이 왜 그런 행동을 하는지, 그 행동의 가장 깊은 곳에 숨어있는 본능적인 심리적 동기까지는 절대로 당신에게 고할 수 없다. AI는 고객이 결제를 망설인다는 사실은 즉시 감지할지언정, 그 망설임이 상실에 대한 본능적인 공포라는 인간의 가장 근본적인 심리적 패턴에서 비롯되는 심층적인 부분은 알지 못한다.

이처럼 AI와 데이터 분석은 고객 심리에 대한 귀중한 정보를 제공하지만, 여기서 얻은 정보를 바탕으로 고객에게 정확히 적응하고 신뢰를 구축하는 것은 결국 인간 서비스 담당자의 심리학적 역량에 달려있다. AI가 파악한 고객의 상태를 넘어서, 그 상태의 이유를 이해하고 고객의 마음을 움직이는 인간적인 대화 능력이 정말 중요한 것이다. 따라서 미래 고객 서비스의 핵심 과제는 바로 이러한 심리학적 역량을 체계적으로 강화하는 것이라 할 수 있다.

바로 이 지점이 당신이 기계의 부품이 아닌 새로운 시대의 리더로 군림할 수 있는 결정적 분기점이다. AI가 찾아낸 차갑고 객관적인 사실이라는 뼈대에, 당신은 인간 본성을 꿰뚫는 심리학이라는 뜨거운 심장을 이식하라. AI가 발견한 고객의 불안이라는 표면적인 현상. 여기에 손실 회피 편향이라는 심리적 특성을 정교하게 공략하는 가장 강력한 화법을 소개한다.

인간 본성을 꿰뚫는 심리 화법: 손실 회피 심리를 활용한 언어 연금술

고객의 뇌는 만 원을 얻는 기쁨보다 만 원을 잃는 고통을 본능적으로 훨씬 더 크게 인식한다. 당신의 모든 화법은 바로 이 인간의 깊은 심리적 패턴을 섬세하게 활용해야 한다. 당신은 단순한 이득을 약속하며 거래를 성사시키는 상인이 아니다. 고객이 겪게 될 잠재적 손실의 위험으로부터 그들을 보호하고 가치를 제공해 주는 유일한 해결사가 되어라.

💬 화법 예시 고객이 문제 해결을 망설이며 결정을 주저할 때

- 하수의 화법 (단순한 경고): "지금 해결하지 않으면 모든 데이터를 잃게 됩니다."
  (이것은 일시적인 경고만을 던져줄 뿐, 고객의 내면에는 즉각적인 방어 심리를 유발한다.)

- 주도자의 화법 (확실한 안심 제시): "고객님의 소중한 데이터를 안전하게 지키는 유일한 방법은 지금 바로 이 조치를 취하는 것입니다. 이는 고객님께 발생할 수 있는 잠재적 위험으로부터 벗어나, 오직 안전과 흔들림 없는 안심을 선사할 것입니다."

  (당신은 단순히 고통을 경고하는 것이 아니다. 고통으로부터의 안전과 안심이라는, 고객이 간절히 바라는 가치를 독점적으로 선점하여 제공하라.)

고객의 최종적인 결단을 유도해야 할 때

- 하수의 화법 (직접적인 압박): "지금 결정하지 않으면 이 혜택을 놓치게 됩니다."
  (이것은 고객의 자율성을 침해하며 불쾌감을 주어, 당신에게서 등을 돌리게 만들 수 있다.)

- 주도자의 화법 (미래 가치 제시): "지금 결정하는 분들만이 누리게 될 특별한 가치와 혜택이 고객님을 기다리고 있습니다. 이 기회를 통해 고객님께서는 단지 상품을 얻는 것을 넘어, 남들보다 한 발 앞선 경험을 선점하는 압도적인 우월감을 느끼게 될 것입니다."

  (당신은 고객을 압박하지 마라. 그가 놓치게 될 찬란한 미래와 특별한 위치를 눈앞에 선명하게 그려줌으로써, 스스로 당신이 설계한 가치의 세계로 걸어 들어오게 만들어라.)

AI는 고객의 불안이라는 현상을 감지할 뿐이다. 그 불안의 본질을 꿰뚫고, 그 불안을 활용하여 고객의 행동을 설계하며, 그들의 의지를 당신이 원하는 방향으로 이끄는 것은 오직 심리학적 통찰력을 능숙하게 다루는 당신만이 할 수 있다.

궁극의 협업:
AI의 눈과 당신의 통찰력으로 고객을 설계하라.

AI는 고객의 불안이라는 현상과 그 잠재적 본질을 감지하고 예측한다. 하지만 그 차가운 데이터 속에서 인간 본연의 욕망과 두려움을 읽어내고, 이를 당신의 의지대로 고객 심리를 꿰뚫는 것은 오직 당신만이 할 수 있는 영역이다. AI가 무엇이 일어나는지는 알려주지만, 왜 일어나고 있으며, 어떻게 이끌어갈지는 오직 당신의 몫이다.

AI는 고객의 표면적인 데이터를 보여주는 신의 눈이다. 하지만 그 데이터를 통해 고객의 가장 깊은 욕망과 두려움을 간파하고, 인간 본성을 꿰뚫는 당신의 심리학적 화법으로 그의 마음을 사로잡는 것은 인간 전문가만의 역할이다. AI의 분석은 당신의 승리를 위한 지도일 뿐이다. 그 지도를 읽고, 고객의 마음이라는 전장을 직접 지휘하는 사령관은 바로 당신이다. 이제 AI가 제공하는 눈으로 모든 것을 보고, 책에서 배운 강력한 화법으로 고객의 모든 선택을 주도하게 된다. AI 시대의 최종 지휘자인 당신은 인간만이 가질 수 있는 통찰력과 AI의 무한한 데이터 분석 능력을 결합해라. 그러면 고객의 마음을 이해하고 설계하며, 그들의 충성심을 습관화하는 진정한 마스터가 될 것이다. 이제 이 둘을 손에 쥐고, 누구도 넘볼 수 없는 당신만의 영역을 구축하라.

AX 시대의 도래:
감정 근육을 키워라

> **미래는 당신을 기다려주지 않는다.**
> **이미 당신의 눈앞에 와 있다.**

고객이 결제를 망설이는 모습을 잠시 상상해 보자. 그의 뇌 속에서 벌어지는 손실 회피라는 원시적 공포를 AI는 그의 과거 데이터와 현재 행동 패턴을 분석하여 단 0.1초 만에 간파한다. 그리고 당신의 개입 없이 AI는 그의 공포를 잠재울 가장 완벽한 메시지 '지금 결제하시면 추가 혜택을 놓치지 않고 받으실 수 있습니다.'를 그의 화면에 띄운다. 고객은 안도하며 결제 버튼을 누른다. 이것은 먼 미래의 공상과학이 아니다. 이것은 인공 지능 대전환

(AX), 즉 당신이 지금부터 살아남아야 할 새로운 시대의 현실이다. AX는 단순히 AI 기술을 도입하는 수준이 아니다. 그것은 기업, 사회, 그리고 당신이라는 개인의 일하는 방식과 사고방식 전체를 인공지능 중심으로 재편하는 거대한 쓰나미다. 이 쓰나미 속에서 고객 서비스는 초개인화, 예측적 문제 해결, 선제적 관리라는 새로운 대륙으로 이동하고 있다.

AI의 진화: 조력자에서 전략적 파트너로

AX 시대의 AI는 당신의 업무를 돕는 친절한 조력자가 아니다. 그것은 시장의 모든 데이터를 분석하여 최적의 고객 전략을 설계하고, 당신에게 가장 효과적인 화법까지 제안하는 냉철한 전략적 파트너다. 미래의 AI는 당신에게 이렇게 말할 것이다. "데이터 분석 결과, 이 고객은 불안 유형이다. 따라서 당신은 확신의 화법을 구사해야 한다.", "이 고객에게는 감성적 공감 표현이 효과적일 확률이 78%다. 다음 문장을 사용해라." AI는 당신보다 더 정확하게 고객의 상태를 분석하고, 더 효과적인 대응법을 알고 있다. AI는 당신의 경험과 직관을 뛰어넘는 완벽한 데이터 기반의 조언자가 될 것이다.

인간의 재정의:
당신의 가치는 어디에 있는가

그렇다면 이 전지전능한 파트너 앞에서 당신의 역할은 무엇일까? AI가 모든 분석과 예측, 심지어 화법 제안까지 해준다면, 당신은 그저 AI의 지시를 따르는 꼭두각시에 불과하다. 아마 대다수는 그렇게 될 것이다. 하지만 당신은 그래서는 안 된다. AI의 시대에 인간의 가치는 더욱 극명하게 드러난다. AI가 할 수 없는 단 하나의 영역, 그것이 바로 당신이 군림해야 할 새로운 제국이다.

AI는 감정을 분석하지만, 진심으로 공감하지는 못한다. AI는 정보를 제시하지만, 고객의 불안을 잠재우는 진정한 신뢰를 주지는 못한다. AI는 규칙을 따르지만, 예측 불가능한 상황에서 규칙을 뛰어넘는 창의성을 발휘하지는 못한다. AI는 확률을 계산하지만, 고객의 인생을 걸고 내리는 윤리적 결단을 내리지는 못한다.

AX 시대의 인간에게 감정화법(Emotional Speech Craft)은 가장 강력한 차별점이자 최종 병기다. 감정화법이란 AI가 수집한 데이터를 바탕으로 고객의 심리적 상태와 진짜 욕구를 정확히 이해하고, 그에 맞춰 고객의 마음에 직접 와닿는 진정성 있고, 설득력 있는 언어를 구사하는 기술이다. 이는 단순히 말을 잘하는 것을 넘어선다. 고객의 감정을 읽고, 공감하며, 그 감정을 긍정적인 방향으로 이끄는 감정 근육을 단련하는 것과 같다. 이 감정 근육은 끊임없는 연습과 심리적 통찰을 통해 길러진다. AI는 결코 가질 수 없는 독자만의 독점적인 무기가 된다.

여기서 제시하는 감정화법의 그 본질은 심리학, 커뮤니케이션학, 마케팅, 심지어 신경과학 분야에서 이미 활발히 연구되고 활용되는 핵심적인 원리들을 총체적으로 포괄한다. 감성 지능, 설득 커뮤니케이션, 정서 중심 상담 기법 등 인간 고유의 역량을 언어로 구현해낸 이 개념은, AI가 결코 도달할 수 없는 인간의 핵심 역량을 가장 명확하고 강력하게 정의하는 독자만의 언어인 것이다.

당신은 AI가 분석해 준 차가운 데이터를 당신의 심리학적 통찰과 뜨거운 공감으로 해석하여, 고객의 마음을 움직이는 유일한 존재가 되어야 한다.

AX 시대를 위한 최후의 준비: AI와 인간의 완벽한 융합

이 거대한 변화 앞에서 당신과 당신이 속한 조직은 생존을 위해 모든 것을 바꿔야 한다.

1) 개인의 자세

당신은 AI의 작동 방식을 이해하고, 그 결과를 해석하는 데이터

리터러시(글을 읽고 쓰는 능력에서 출발해, 디지털·미디어 등 다양한 정보와 메시지를 비판적으로 이해하고 활용하는 능력까지 포괄하는 개념)를 갖춰야 한다. 동시에 이 책에서 배운 모든 심리학적 역량(공감, 경청, 갈등 관리, 심리 통찰)을 극한까지 단련해야 한다. 특히 AI가 부족한 감정 근육을 키우고 감정화법을 익히는 것에 집중하라. 당신은 AI를 당신의 참모로 부리는 사령관이 되어야 한다.

2) 기업의 자세

조직은 AI 인프라에 대한 과감한 투자를 단행해야 한다. 동시에 인간 직원들이 단순 반복 업무에서 벗어나 고도의 심리적, 전략적 역량을 키울 수 있도록 모든 교육 시스템을 재편해야 한다. AI와 인간이 완벽하게 협력하는 전투 시스템을 구축하는 것, 그것이 미래 기업의 유일한 생존 조건이다.

미래 고객 서비스의 승자는 AI의 눈과 인간의 마음을 결합한 당신이다.

AX 시대의 승부는 단순히 기술력만으로 결정되지 않는다. AI가 제공하는 데이터 기반의 냉철한 눈과, 인간만이 가질 수 있는 심리학적 깊이와 따뜻한 마음을 얼마나 완벽하게 융합하느냐에 달려있다. AI는 당신에게 "이 고객은 지금 분노 수치 87%이며, 손실 회피 화법이 유효할 확률이 92%입니다. 추천 문구는 '지금 해결하지 않으면 중요한 정보를 놓칩니다.'라고 보고할 것이다.

그러나 인간만이 할 수 있는 마지막 한 수가 있다. 당신은 그 AI의 냉철한 분석을 바탕으로, 그의 목소리 톤과 미묘한 표정을 읽어내 진심으로 공감하는 한마디를 던진다. "고객님, 지금 상황이 정말 답답하시겠어요. 제가 고객님의 소중한 정보를 잃지 않도록 지금 바로 가장 안전한 방법을 찾아드리겠습니다." AI는 '무엇을 말해야 할지'에 대해서는 알려주지만, 어떤 감정을 담아, 어떤 눈빛으로, 어떤 타이밍에 말해야 할지는 오직 당신만이 판단하고 실행할 수 있는 영역이다. 바로, 그 미묘한 인간적 공감과 진정성이 AI가 제시한 화법에 생명을 불어넣고 이것이 고객의 마음을 움직여 당신과의 깊은 유대감으로 이어지는 것이다. AI는 고객의 마음을 분석하는 강력한 망원경 역할일 뿐, 고객과 관계를 맺고 충성심을 만드는 일은 오직 인간의 목소리와 진심으로만 가능하다.

다가오는 AX 시대를 두려워하지 말고, 그것을 가장 강력한 무기로 삼아, AI를 분석 파트너로 활용해 고객의 상태를 읽고, 심리학적 통찰과 압도적인 화법으로 고객의 마음에 직접 접속하라. 미래 고객 서비스의 승부는 바로 여기에 있다. 당신의 손에 그 미래의 열쇠가 쥐어져 있다.

고객의 불만을 신뢰를 쌓는
강력한 기회로 전환하라

불만의 가면을 벗기고, 숨겨진 진정한 니즈를 파악하라

서비스 제공 후 고객은 만족/불만족의 두 가지 형태로 공존한다. 제공한 서비스에 대해 만족한 고객 또한 중요하지만, 고객의 불만 사항이 관계를 더욱 깊게 만들 강력한 기회가 된다는 사실을 명심하라. 고객의 불만이라는 현상 앞에서 당신은 무엇을 느끼는가? 단순히 불편함이나 긴장감으로 여기며 상황이 빨리 해결되기를 바라고 있다면, 아직 성장의 여지가 충분하다. 진정한 전문가는 고객의 불만을 단순한 소음이 아니라, 그의 가장 깊은 속내와 진정한 필요를 드러내는 중요한 정보로 인식한다.

고객의 불만, 즉 VOC(Voice of Customer, 고객의 소리)는 단순한 피드백이 아니다. VOC는 고객이 서비스나 제품에 대해 표현하는 모든 의견을 통칭하는 것을 말한다. 단순히 고객의 불편 사항만을 의미하지는 않는다. 그것은 당신의 서비스 중 어떤 부분이 개선될 수 있는지 정확히 알려주는 귀중한 진단 정보와 같다. 칭찬은 당신을 안주하게 하지만, 불만은 당신을 강하게 만든다. 하지만 가장 중요한 진실은 따로 있다. 당신의 완벽한 대처로 어려운 상황을 해결한 고객은 아무 문제없이 서비스를 이용했던 그 어떤 고객보다 훨씬 더 강력한 신뢰를 가진 충성 고객으로 다시 태어난다.

그러므로 당신은 고객의 불만을 피하는 것이 아니라 오히려 신뢰를 쌓기 위한 강력한 기회로 활용해야 한다. 이제부터 불만의 가면을 벗기고, 그 안에 숨겨진 진짜 원인을 진단하는 법을 알려주겠다.

불만의 다양한 표현과 그 이면의 의미

고객의 불만은 결코 한 가지 모습으로 찾아오지 않는다. 그것은 다양한 형태로 나타나며, 당신에게 고객의 심리를 읽어낼 기회를 제공한다.

1) 제품에 대한 표현: "이 제품, 성능이 정말 별로입니다."

이것은 단순히 제품에 대한 불만이 아닐 수 있다. 그 이면에는 '내가 지불한 돈과 기대가 충족되지 않았다'는 실망감과 '가치 손실'에 대한 우려가 숨어있을 수 있다.

2) 시스템에 대한 표현: "고객센터 연결이 왜 이리 어렵죠?"

이것은 단순히 절차에 대한 불만이 아니다. 그 안에는 "내 소중한 시간을 낭비했고, 내 의견이 존중받지 못했다."는 무시감에 대한 불쾌함이 담겨있을 수 있다.

3) 직원에 대한 표현: "상담원 태도가 불쾌하군요."

이것은 단순히 태도에 대한 불만이 아닐 수 있다. 그 배경에는 당신이라는 개인에게 받은 인격적인 불쾌감에 대한 강한 거부감이 있을 수 있다.

4) 침묵의 불만: 아무 말 없이 이탈되는 고객

가장 어려운 불만은 아무런 말 없이 당신을 떠나는 고객들이다. 그들은 당신에게 개선할 기회조차 주지 않고 관계의 끝을 선고하는 것과 같다. 고객과 마주할때 항상 어떤점이 불편한지, 끈임없는 질문과 관심으로 먼저 소통하며 다가서라. 떠나기 전 먼저 관계를 이끄는 행동력으로 고객을 잃지 마라.

나는 후회라는 표면적인 불만을 가진 고객을 만났다. 최신 스타일러를 구매한 그녀는 대뜸 "이걸 산 게 너무 후회된다."고 말했다. 아마추어라면 이 말에 겁을 먹고 환불이나 교환 절차를 떠올렸을 것이다. 하지만 나는 그녀의 말을 표면적 증상으로 판단했고, 그 이면에 숨겨진 진짜 원인을 찾기 시작했다. 그녀의 진짜 문제는 제품의 성능이 아니었다. 남편의 필요를 위해 구매했지만 남편이 다른지방으로 발령이 나면서 제품의 주된 사용 목적이 사라진 이유 때문이었다. 즉, 그녀가 지불한 비용 대비 제품이 주는 가치가 현저히 낮다고 느끼는 가치 불일치라는 심리적 불편함이었다. 그녀는 제품을 볼 때마다 자신의 선택이 현명하지 못했다는 생각에 불편해하고 있었던 것이다.

나는 그녀에게 A/S 서비스를 제공하지 않았다. 나는 그녀의 인식에 대한 전략적인 접근을 시도했다. 나는 스타일러의 부가 기능인 제습 기능을 꺼내 들어, 그것이 시중의 고급 제습기를 대체할 수 있다는 새로운 가치를 그녀에게 제시했다. "고객님은 단순히 스타일러를 구매하신 것이 아닙니다. 최신 제습기도 무료로 얻으신 겁니다. 이것은 낭비가 아니라, 오히려 비용을 절약하신 가장 현명한 투자였습니다."

이것은 단순한 제품 설명이 아니라, 그녀가 갖고 있는 어리석은 소비라는 기억을 현명한 투자라는 기억으로 완벽하게 재구성하는 심리적 기법을 구사한 것이였다. 그녀의 얼굴에 번진 미소는 문제가 해결되었다는 안도감을 드러냈다. 자신의 선택이 틀리지 않았음을 확인하고, 현명하지 못했다는 생각의 불편함에서 해방된 환희였다. 당신은 단순한 서비스 제공자가 아니라, 고객의 인식을 새롭게 설계하는 전문가다. 이 사례가 말해주는 단 하나의 진실은 이것이다. 고객의 불만은 결코 그들이 말하는 그대로가 아니다. 당신은 고객의 표면적인 주장을 액면 그대로 믿어서는 안 된다. 첫 번째 임무는 불만이라는 표면적인 가면을 벗기고, 그 안에 숨은 진짜 문제 유형을 정확히 진단하는 것이다.

정확한 진단이 내려졌을 때 비로소 당신의 날카로운 통찰력, 즉 가장 효과적인 해결책이 빛을 발할 수 있다. 고객의 불만은 단순한 소음이 아니라 당신 앞에 놓인 고객 심리 진단서다. 이제부터 단순히 위로하는 서비스 제공자가 아니라 불만의 근원을 명확히 파악하고 효과적으로 해결하는 냉철한 전문가가 되어야 한다. 정확히 진단하고, 완벽하게 대응하여, 당신을 깊이 신뢰하게 만들어라.

클레임의 본질을 파악하고, 컴플레인의 핵심을 해결하라

독자들이 무시한 작은 문제 하나가 당신과 고객의 관계를 위협할 수 있다. 나는 팀장이 된 초기에 작은 균열 하나를 가볍게 여겼다가 큰 위기를 맞이하는 경험을 했다. 한 고객이 서비스 담당자의 미숙함을 지적했을 때 나는 그것을 사소한 문제로 치부하고 넘어갔다. 그것은 나의 첫 번째이자 가장 치명적인 실수였다. 그 작은 균열은 리더십에 대한 의문으로 조직 전체에 퍼져 나갔고 한 달 뒤, 똑같은 컴플레인으로 담당자는 다시 한번 같은 실수로 고객이 돌아섰다.

여기서 바로 깨진 유리창 이론이라는 심리학적 법칙이 고객 서비스에 어떻게 적용되는지를 이해해야 한다. 깨진 유리창의 법칙은 범죄 심리학에서 나온 개념이다. 고객 심리에서 깨진 유리창의 법칙은 은 작은 무관심이나 해결되지 않은 사소한 불만을 의미한다. 이것이 방치되면, 고객은 '이 정도는 괜찮은가 보군'이라는 인식에서 '이 서비스는 사소한 것도 관리하지 않는구나', '결국 나를 중요하게 생각하지 않는구나'라는 생각으로 확산된다. 결국 서비스 전체에 대한 신뢰를 잃게 된다. 작은 균열 하나가 방심의 신호가 되어 불신의 불씨를 키울 수 있다. 결국 전반적인 만족도를 붕괴시키는 연쇄 반응을 일으키는 것이다. 당신이 무시한 첫 번째 불만은 고객의 두 번째, 세 번째 불만을 낳고, 마침내는 당신의 권위와 시스템 전체를 약화시키는 심각한 문제로 확대된다. 고객 불만은 당신이 반드시 관리해야 할 중요한 신호이자, 동시에 고객의 내면 깊이 연결되어 확고한 지지자로 만들 수 있는 절호의 기회다.

불만이라는 지도를 해독하는 법: 클레임과 컴플레인을 구별하라.

고객의 불만이라는 복잡한 지도에는 오직 두 종류의 지형만이 존재한다. 당신은 문제의 본질을 즉시 간파하여, 그에 맞는 완벽한 전략을 선택해야 한다. 클레임과 컴플레인을 정확히 구분해야 하는 이유는 명확하다. 이 둘은 불만의 본질 자체가 다르고, 고객이 기대하는 해결 방식 또한 극명하게 다르기 때문이다. 클레임은 무엇이 잘못되었는지에 대한 기능적, 논리적 문제인 반면, 컴플레인은 어떻게 잘못되었는지에 대한 감정적, 관계적 문제다. 이 둘을 혼동하여 대응한다면, 고객의 진정한 니즈를 충족시키지 못하고 오히려 불만을 증폭시키는 치명적인 결과를 초래할 수 있다. 각각의 불만 유형에 맞는 맞춤형 전략을 적용할 때에만, 문제 해결의 효율성을 극대화하고 고객의 깊은 신뢰를 얻을 수 있다.

1) 클레임(Claim): 시스템 개선을 위한 명확한 요구

클레임은 고객의 이성이 당신의 시스템에 개선을 요구하는 행위다. "제품이 고장 났다.", "계약 내용과 다르다."와 같이, 객관적인 사실과 증거를 기반으로 한 정당한 요구다. 특징으로는 클레임이 명확하고, 논리적이며, 감정보다는 사실에 집중한다. 고객은 당신의 위로가 아니라, 망가진 시스템에 대한 정당한 보상을 원한다.

• **대응 전술:** 압도적인 효율성으로 핵심을 해결하라. 이 상황에서 감성적 공감이나 사과는 오히려 불필요할 수 있다. 당신의 유일한 무기는 신속하고 완벽한 문제 해결 능력이다. 고객이 고장 난 제품을 들고 오면, 묻지도 따지지도 말고 즉시 대처 방안을 이야기 하라. 당신의 시

스템에 오류가 있었다면, 즉시 인정하고 규정된 보상에 더해 고객에게 감동을 줄 만한 가치를 안겨줘라. 클레임에 대한 최선의 대응은 고객이 당신의 시스템이 얼마나 무섭도록 완벽하게 작동하는지를 체감하게 만드는 것이다. 이것은 감정의 문제가 아니라 시스템의 효율성에 대한 대응이다.

2) 컴플레인(Complaint): 존중감 회복을 위한 감성적 표현

컴플레인은 고객의 감정이 당신과의 관계에서 존중받지 못했다고 느끼는 표현이다. "상담원 태도가 기분 나빴다", "나를 무시하는 것 같았다"와 같이, 합리적 설명보다는 감정적 호소를 동반하는 지극히 주관적인 감정의 표현이다. 특징으로는 컴플레인은 감정이 앞서며, 합리적 논리보다는 감성적인 측면에 초점을 맞춘다. 고객은 물질적 보상보다는, 상처받은 자신의 존중감을 치유받고 싶어 한다.

• **대응 전술:** 섬세한 공감으로 마음을 얻어라. 이 상황에서 효율성이나 논리적인 반박은 오히려 역효과를 낳는다. 당신의 유일한 무기는 상대의 감정을 이해하고 이끄는 가장 정교한 심리 전략이다. 당신은 이전에 배운 모든 기술을 총동원해야 한다. 먼저, 전략적 경청이라는 방패로 그의 모든 감정적 표현을 온전히 받아들여라. 그다음 그의 감정을 정확히 이해하고 "저라도 그런 상황에서는 참을 수 없었을 겁니다."라

며 그의 감정적 경험이 정당함을 인정해 줘라. 마지막으로 "고객님처럼 중요한 분께 그런 실망감을 안겨드리다니, 제 자신이 용납되지 않습니다."와 같이 메시지라는 진정성 있는 표현으로 그의 마음에 다가가라.

컴플레인이 클레임보다 더 가치 있는 이유

아마추어들은 근거 없는 컴플레인이 더 까다롭다고 불평한다. 하지만 전문가는 컴플레인이야말로 고객과 확고한 신뢰를 형성할 수 있는 최고의 기회임을 안다. 정답이 없다는 것은 당신이 새로운 관계의 정답을 만들 수 있다는 의미다. 클레임은 정해진 보상으로 끝나지만 컴플레인은 당신이 그의 상처받은 마음을 어루만져주는 구원자가 될 기회를 제공한다.

감정적인 상태는 가장 섬세한 상태다. 분노와 실망에 빠진 고객은 심리적으로 완전히 무장해제된 상태다. 이때 당신이 보여주는 단 한 번의 압도적인 공감 능력은 평온한 상태에서 백 번의 친절을 베푸는 것보다 훨씬 더 깊게 그의 마음에 각인된다. 숨겨진 원인은 귀중한 정보의 원천이다. 컴플레인의 진짜 원인을 파고드는 과정은 당신이 고객의 과거 경험, 숨겨진 기대치, 그리고 그의 가장 깊은 욕구까지 엿볼 수 있는 심리적 상담과 같다. 당신은 더 이상 불만을 처리하는 직원이 아니다. 문제의 본질을 간파하고 그에 맞는 완벽한 전략을 선택해라. 고객의 저항을 충성으로 바꾸는 전략적 지휘관이다. 핵심을 해결할 것인지, 마음을 얻을 것인지 지금 즉시 판단하고, 실행하라.

고객 심리 공략: 감정의 핵심 요소를 활용하여 주도하라

고객의 불만은 이성의 소리가 아니라, 그의 가장 약한 감정의 비명이다

고객의 불만은 이성의 소리가 아니다. 그의 가장 본질적인 감정의 표현이다. 우리는 마침내 고객 불만 처리의 가장 깊은 핵에 도달했다. 당신이 마주하는 모든 컴플레인은 사실이라는 껍데기를 뒤집어쓴 감정의 폭발이다. 고객의 심리 상태는 컴플레인의 뿌리가 아니다. 그것은 당신이 이해하고 전략적으로 접근해야 할 핵심적이고 섬세한 지점이다. 고객이 느끼는 실망, 분노, 불안, 불공정함은 단순히 해결해야 할 문제가 아니다. 그것은 당신이 그의 저항을 해소하고, 그를 당신의 확고한 지지자로 만들기 위해 활용해야 할 가장 강력한 심리적 기회다. 고객의 감정을 이해하고 이끄는 자가 불만 전체를 주도한다. 이제부터 그 감정의 핵심 요소를 정확히 찾아내 단번에 해결하는 네 가지 전략을 알려주겠다.

네 가지 핵심 감정 유형별 전략적 접근법

고객의 불만이라는 현상 뒤에는 거의 항상 네 가지의 원초적인 감정 중 하나가 숨어있다. 각각의 감정은 다른 종류의 특성을 가지고 있어서, 당신은 그에 맞는 섬세한 대응을 구사해야 한다.

1) 분노: 강렬한 감정의 파동을 이해하고 전환하기

- **심리 상태:** 자신의 영역이 침범당하고, 존중감에 상처를 입었다고 느끼는 가장 공격적인 상태. 그는 이성적인 판단 능력을 상실하고 오직 불만 표출만을 생각한다.

- **전략적 접근법:** 그의 분노를 정당화하여 부정적인 에너지를 전환하라. 강렬한 감정과 정면으로 충돌하는 것은 비효율적이다. 당신은 그의 분노를 부정하는 대신, 오히려 그 분노가 지극히 당연하고 정당하다고 완벽하게 인정해주어야 한다.

- **부적절한 화법:** "고객님, 일단 진정하시고…" (이것은 그의 분노가 비정상이라고 말하는 것과 같아서 오히려 반발심을 키운다.)
- **주도자의 화법:** "고객님께서 분노하시는 것은 100% 정당합니다. 이 상황에서 분노하지 않는 것이 오히려 비정상입니다. 저라도 고객님과 똑같이, 아니 그 이상으로 분노했을 겁니다."

이것은 단순한 공감이 아니다. 이것은 그의 분노라는 무기 자체를 당신이 이해하고 수용함으로써, 그의 부정적인 에너지를 해결 과정으로 이끄는 전략적 공감 형성이다. 자신의 분노가 완벽하게 정당화되는 순간, 그는 더 이상 감정적으로 대립할 명분을 잃고 감정이 누그러지며 이성적인 대화가 가능해진다.

2) 불안: 통제력 상실감 속에서 안정감을 제공하기

- **심리 상태:** 상황에 대한 통제력을 상실하고, 최악의 미래를 상상하며 초조해하는 상태. 그는 해결책이 아니라 당신의 확실한 방향 제시를 원한다.
- **전략적 접근법:** 당신이 문제 해결의 명확한 중심임을 제시하라. 불안에 빠진 고객에게 필요한 것은 막연한 위로가 아니라, 집으로 가는 유일하고 확실한 길이다. 당신은 그의 불안에 막연히 공감하는 대신, 압도적인 확신과 통제력으로 그의 불안을 해소해야 한다.
- **부적절한 화법:** "잘 해결될 겁니다. 걱정 마세요." (이것은 근거 없

는 희망 고문으로, 불안감을 더 키울 수 있다.)

- **주도자의 화법:** "걱정하실 필요 없습니다. 지금부터 제가 모든 것을 관리합니다. 첫째, OOO을 처리하고 둘째, XXX를 실행하겠습니다. 고객님께서는 제가 보고하는 것을 확인하시기만 하면 됩니다." 이것은 단순히 안심시키는 것이 아니다. 이것은 그의 혼돈스러운 세계에 당신이라는 절대적인 질서를 명확히 부여하여, 고객이 당신의 해결 과정을 신뢰하게 만드는 과정이다.

3) 무력감: 절망 속에서 새로운 가능성을 제시하기

- **심리 상태:** 여러 번의 실패로 모든 희망을 잃고, 상황에 완전히 굴복한 상태. 그는 더 이상 스스로 싸울 의지가 없다.

- **전략적 접근법:** 당신이 그의 대리인이 되어 문제 해결을 선포하라. 무력감에 빠진 고객에게 필요한 것은 단순한 동정이 아니라 문제 해결의 새로운 희망이다. 당신은 그의 고통을 인정해 주는 것을 넘어, 그의 어려움을 온전히 이해하고 당신의 책임으로 받아들여야 한다.

- **부적절한 화법:** "다시 한번 해보시겠어요?" (이것은 이미 지친 고객에게 다시 싸우라고 강요하는 것과 같아 절망감을 더한다.)

- **주도자의 화법:** "지금까지 겪으셨던 모든 어려움은 이제 끝났습니다. 이제부터 고객님의 문제는 온전히 제 문제입니다. 고객님은 더 이상 애쓰실 필요가 없습니다. 제가 대신 해결해 드리겠습니다."

이것은 단순한 지원이 아니다. 이것은 고객의 부담을 경감하고 당신이 해결의 주체임을 분명히 하는 약속이다. 이 약속을 통해 당신은 그의 문제를 해결해 주는 조력자에서, 그의 문제를 해결해 준 강력한 지지자를 얻는다.

4) 불신: 의심의 장벽을 넘어 신뢰를 구축하기

- **심리 상태:** 과거의 부정적인 경험으로 인해 세상 모든 것을 의심하는 상태. 그는 당신의 모든 말을 시험하려 들며 진실을 확인하려 한다.

- **전략적 접근법:** 그의 예상을 뛰어넘는 완전한 투명성으로 신뢰를 구축하라. 의심하는 고객에게 신뢰를 얻는 가장 효과적인 방법은 그가 원하는 정보 이상의 것을 먼저 공개하여 그를 예상 밖의 상황으로 이끄는 것이다.

- **부적절한 화법:** "저를 믿어주십시오." (이것은 오히려 의심을 키울 수 있다.)

- **주도자의 화법:** "솔직히 말씀드리겠습니다. 과거 저희의 실수는 변명의 여지가 없으며, 고객님께서 저희를 믿지 못하시는 것은 당연합니다. 따라서 저는 지금 신뢰를 요구하지 않겠습니다. 대신 제가 이 문제를 해결하는 모든 과정을 하나도 빠짐없이 고객님께 투명하게 보고해 드리겠습니다."

이것은 단순한 정직함이 아니다. 이것은 상대가 나를 의심하기 위해 준비한 모든 방어적 태도를 불필요하게 만드는 선제적 신뢰 구축 전략이다. 고객의 모든 감정의 중심에는 결국 내 마음을 알아달라는 단 하나의 비명이 숨어있다. 당신은 이제 그 비명의 주파수를 정확히 찾아내고, 그에 맞는 완벽한 화음으로 응답하는 법을 알게 되었다.

AI 시대의 궁극적 심리 관리자, 당신이다.

당신은 더 이상 고객의 감정에 휘둘리는 초보가 아니다. AI가 데이터로 불만의 표면적 현상을 분석할 수는 있지만, 그 불만 이면에 숨겨진 감정의 본질을 꿰뚫고 각 감정 유형(분노, 불안, 무력감, 불신)에 따른 맞춤형 심리 화법을 구사하여 고객의 저항을 해소하는 것은 오직 인간 전문가의 영역이다. 당신은 고객의 불만을 단순한 문제로 여기지 않고, 오히려 그들의 가장 깊은 감정이라는 심리적 지렛대를 이해하고 활용하는 법을 마스터했다. AI 시대에도 AI가 모방하기 어려운 인간 고유의 영역인 감정을 이해하고 다루는 기술은 당신을 평범한 서비스 제공자가 아니다. 고객의 마음을 이해하고 주도하는 궁극의 심리 전문 관리자로 만들

어 줄 것이다. 어떤 불만 상황에서도 관계를 주도하고 강력한 신
뢰를 형성할 수 있는 역량, 이제 당신의 손에 쥐어져 있다.

8-4 당신의 성장은 평온이 아닌, 도전 속에서 결정된다

당신에게 "모든 것이 좋았다."고 말하는 고객들은 냉정하게 말해 당신과의 관계에서 아직 깊은 연결점을 만들 기회가 없었을 수도 있다. 그들의 침묵은 충성심의 증거라기보다 그들의 숨겨진 니즈나 기대에 대해 아직 충분히 파악하지 못했음을 보여주는 신호일 수 있다. 평온한 바다는 당신의 서비스가 얼마나 튼튼한지 결코 증명해 주지 않는다.

고객의 불만이라는 도전 앞에서 당신은 무엇을 느끼는가? 불편함? 긴장감? 그 문제가 빨리 사라지기만을 바라는가? 그렇다면 당신은 고객 불만 속에 숨겨진 핵심적인 가치와 성장의 기회를 놓치고 있는 것이다. 진정한 전문가는 고객의 불만을 단순한 문제가 아니라, 그의 가장 깊은 속내와 개선점을 스스로 드러내는 귀중한 정보로 인식한다. 불만을 토로하는 고객은 당신에게 소중한 비용을 지불하고, 자신의 가장 내밀한 심리 데이터와 당신 시스템의 핵심 개선점에 대한 컨설팅까지 기꺼이 제공해 주는 가장 값진 동반자다.

고객의 불만, 즉 VOC(Voice of Customer)는 단순한 피드백이 아니다. 그것은 당신의 서비스라는 시스템의 어떤 부분이 개선될 수 있는지를 정확히 알려주는 귀중한 전략 지도와 같다. 대부분의 미숙한 관리자는 이 지도를 외면하지만 위대한 리더는 그 지도를 해독하여 자신의 가장 강력한 성장 동력으로 재탄생시킨다. 칭찬은 때때로 당신의 판단을 흐리게 만들 수 있는 달콤한 안주일 수 있지만, 불만은 당신의 가장 약한 부분을 정확히 자극하여 당신을 단련시키는 가장 유능하고 냉철한 조언자다.

이처럼 고객의 불만은 위협이나 회피의 대상이 아닌 서비스 개선을 위한 귀중한 정보이다. 또한 고객과 깊은 신뢰를 구축할 수 있는 최고의 기회로 인식하는 것이 필요하다. 평온한 거래는 계약 관계만을 만들지만 당신과 함께 극복한 위기는 깊은 감정적인 유대감, 즉 결속의 경험을 만들기 때문이다. 당신의 완벽한 대처로 어려운 상황에서 벗어난 고객은, 아무 문제없이 서비스를 이용했던 그 어떤 고객보다 훨씬 더 강력하고 확고한 충성 고객으로 다시 태어난다. 그들은 당신의 문제 해결 능력을 직접 목격한

증인이 되며, 당신의 탁월함을 세상에 알리는 가장 열정적인 지지자가 된다.

불신 속에서
영향력을 증명하다

나는 한 고객의 불만 속에서 기회와 도전의 날카로운 경계를 마주했다. 그 고객은 서비스 매니저의 방문 이후에도 똑같은 고장 증상이 두 번이나 반복되었다며 강한 불만과 의심을 표현하고 있었다. 통화에서 그는 직접적인 비난을 피했지만 그 의도만큼은 명확했다. "이게 제품 문제인지 사람 문제인지 도무지 판단이 서지 않는다"고 했고, 애써 방문했던 사람 탓을 하고 싶지는 않다며 미묘한 언어로 자신의 의심을 내비쳤다. 하지만 나는 고객의 진짜 의도를 즉시 파악했다. 그의 말은 명확했다. '내 제품이 고장 난 것은 저 사람이 다녀갔기 때문이다'라는 내면의 비난이었다. 의도적으로 서비스 매니저가 제품을 고장 냈을 리 없다는 것은 이성적인 사실이다. 그러나 이 사례는 고객의 이성적 판단이 아닌 감정적 불신이 문제의 핵심이었다.

이 순간 나는 직접적인 반박을 택하지 않았다. 대신 고객의 불안과 의심을 정면으로 돌파하는 치밀한 전략을 구사했다. 고객에게 단도직입적으로 제안했다. "서비스 엔지니어에게 한 번만 더 방문을 받아보십시오. 그분이 정확하게 진단을 내려 주실 수 있으니 방문 후에 다시 이야기를 들어보죠." 나는 이 제안이 고객에게 공정한 제3자의 개입이라는 안정감을 줄 것임을 간파했다.

그리고 나의 계획은 여기서 멈추지 않았다. 전문 엔지니어의 방문이 끝난 직후 나는 처음 고객을 담당했던 서비스 매니저에게 해피콜을 지시했다. 고객님의 제품이 정확한 AS를 받았는지, 불편함은 없는지 최종 확인하는 전화였다. 이는 단순히 고객 만족을 넘어 매니저에 대한 고객의 오해를 불식시키기 위한 전략적인 움직임이었다.

결과는 나의 예상대로 흘러갔다. 전문 엔지니어의 방문은 고객의 제품 문제에 대한 의심을 종식시켰다. 그러나 진짜 승리는 그 이후에 있었다. 나는 단순히 기술적 고장을 해결한 것을 넘어, 사람에 대한 불신이라는 감정적 문제의 핵심을 꿰뚫고 있었다. 나는 치밀하게 계획한 해피콜을 통해 고객의 마음속에 자리했던 서비스 매니저에 대한 오해와 감정적 불신까지 완전히 불식시켰다. 고객은 두 명의 전문가가 일관된 진단을 내리자 비로소 수긍했고, 무엇보다 자신의 의심이 해소되는 경험을 통해 비이성적 불신에서 벗어날 수 있었다.

　이 사례는 단순히 기술적 문제를 해결한 차원을 넘어섰다. 고객의 깊은 불신을 나의 전략적 설계와 개입으로 정면 돌파하며, 결국은 나의 영향력을 단단히 증명하고 고객의 흔들림 없는 신뢰를 획득한 순간이었다. 나는 불확실성이라는 도전을 겪는 고객의 마음을 읽고, 나의 지원으로 그 불신을 성공적으로 해소하며 영향력을 증명한 것이다. 이 사례처럼 영향력을 고민한다면 고객의 불만을 단순한 문제 해결에 그치지 않고 신뢰와 관계를 재설계하는 기회로 만들어낼 수 있다.

불만 속에서 고객과의 깊은 신뢰를 구축하라.

　고객의 불만은 위협이 아닌 서비스 개선을 위한 귀중한 정보다. 고객과 깊은 신뢰를 구축할 수 있는 최고의 기회로 인식하도록 당신의 관점을 전환시키고, 이를 적극적으로 활용하는 전문가로 거듭나야 한다. 고객의 불만을 피하는 것이 아니라, 오히려 그것을 신뢰를 쌓기 위한 강력한 기회로 활용하여 기꺼이 도전을 수용하라. 당신은 이제부터 불만이라는 변화의 중심에서 리더십을

발휘할 전문가다. 문제의 가면을 벗기고, 그 안에 숨겨진 진짜 원
인을 진단하며, 그 과정을 당신의 성공과 영광으로 전환하는 궁
극적인 여정을 시작할 시간이다.

실패의 연금술: 위기를 넘어 충성 고객을 창조하라

완벽하고 뻔한 서비스는 고객의 기억에 깊이 남기 어렵다. 오직 예상치 못한 어려움 속에서 당신이 보여준 탁월한 해결 과정만이 그의 마음에 영원히 각인된다. 여기서 바로 서비스 회복 역설(Service Recovery Paradox)의 강력한 힘이 발휘된다. 서비스 회복 역설이란 고객이 서비스 실패를 경험했음에도 불구하고 이후 제공된 탁월한 문제 해결 과정 덕분에 오히려 처음부터 아무런 문제가 없었던 것보다 서비스에 대한 만족도와 충성도가 훨씬 더 높아지는 놀라운 심리적 현상을 말한다. 이것은 단순한 만족을 넘어선 고객과의 관계를 흔들리지 않는 유대감으로 승화시키는 비밀 무기다.

　6년 된 제품의 원인 모를 고장으로 매우 격앙된 고객과 수개월 간 해결을 위해 노력한 적이 있다. 수차례 서비스 엔지니어의 방문에도 제품 고장은 여전히 반복되었다. 고객은 불만을 넘어 법적 조치까지 고려하고 있었다. 그녀는 어려운 고객이었지만 포기하지 않았다. 나는 그녀의 불안감에 진심으로 공감하며, 그녀의 모든 감정적 어려움을 이해하려고 노력했다. 문제 해결 과정을 투명하게 공유하며 나의 헌신적인 노력을 보여주었다. 수차례 서비스 기사와 연락을 주고받으며 문제 해결을 위해 고객과 소통했다. 마침내 문제가 해결되었을 때 그녀는 내게 장문의 메시지를 보내왔다. 그것은 단순한 감사 인사가 아니었다. 관계 회복을 통해 깊은 신뢰를 보내는 고객이 되었다는 확고한 표현이었다. 그녀는 나의 가장 강력한 지지자이자 이후에도 우리 서비스를 적극적으로 추천하는 열정적인 옹호자가 되었다.

　이것이 바로 서비스 회복 역설이라는 이름의 가장 위대한 관계 연금술이다. 이 역설이 작동하는 이유는 지극히 간단하다. 평온한 거래는 악수와 같아서 금방 잊힌다. 하지만 당신과 함께 겪은 위기라는 이름의 공동의 어려움은 머릿속에 남는다. 고객의 뇌리에 당신을 나를 버리지 않고 구해준 유일한 해결사로 조각해 버리는 절대적인 신뢰와 같다. 나는 그의 문제를 해결해 준 것이 아니었다. 그의 절망을 극복하도록 돕고, 깊은 만족을 준 것이다. 어려움 속에서 얻게 된 고객의 깊은 신뢰와 확고한 지지가 당신이 얻게 될 가장 소중한 결과이자 흔들리지 않는 충성 고객이다.

충성심을 연성하는 4대 법칙: 위기를 기회로 전환하는 연금술사의 길

실패를 강력한 충성심으로 바꾸기 위해, 당신은 다음의 네 가지 법칙을 당신의 신념처럼 따라야 한다.

1) 제1법칙: 당신의 실수를 즉시 인정하고 책임져라.

문제가 발생하면 변명하지 마라. 즉시 당신의 실수를 인정하고 고객에게 정중하게 책임을 다하라. "전적으로 저의 잘못입니다. 불편을 드린 점 머리 숙여 사죄드립니다." 이것은 단순한 사과가 아니다. 이것은 당신의 진정성을 보여주고 모든 상황을 긍정적으로 전환하는 중요한 과정이다. 이 진정성 앞에서 고객의 부정적인 감정은 힘을 잃고 당신에게 마음을 열게 된다.

2) 제2법칙: 문제 해결의 주도권을 확보하라.

"책임지고 해결하겠습니다"는 소극적이다. "고객님, 이제부터 이것은 더 이상 고객님의 문제가 아닙니다. 이것은 온전히 제가 해결해야 할 문제입니다. 제 명예를 걸고 이 문제를 해결하겠습니다."라고 선포하며 문제 해결의 주도권을 확보하라. 고객은 문제를 해결해야 한다는 무거운 심리적 부담감에서 해방되는 순간, 그를 해방시킨 당신에게 엄청난 안도감과 의존감을 느끼게 된다. 당신은 조력자가 아니라 그의 모든 짐을 대신 짊어진 강력한 해결사로서 깊은 인상을 준다.

3) 제3법칙: 당신의 노력 과정을 투명하게 공유하여 가치를 높여라.

고객을 막연히 기다리게 하지 마라. 당신의 헌신적인 문제 해결 과정을 실시간으로 중계하여, 당신이 그를 위해 얼마나 노력하고 있는지 보여줘라. "현재 엔지니어 팀과 협력하여 원인을 분석 중입니다. 한 시간 뒤에 다시 진행 상황을 보고하겠습니다." 이 문장하나로 고객은 "아, 지금 개선 중이구나 행동하고 있는 중이구나" 라고 생각하게 된다. 인간은 무언가를 얻기 위해 투입된 노력이 클수록 그 결과물의 가치를 더 높게 평가하는 경향이 있다. 이를 노력 편향이라고 한다. 당신의 노력 과정을 투명하게 공유하는 것은, 최종 해결책의 가치를 극대화하고 당신의 헌신을 고객 마음에 각인시키는 가장 효과적인 심리적 장치다.

4) 제4법칙: 실패를 두려워하지 말고, 평범함을 경계하라.

당신이 저지를 수 있는 최악의 실수는 실패가 아니다. 아무런 기억에도 남지 않는 평범하고 문제없는 서비스를 제공하는 것이다. 천 번의 평범한 성공보다, 단 한 번의 극적인 문제 해결과 탁월한 관계 회복이 당신의 역량을 천 배는 더 단단하게 만들고 고객의 충성심을 습관화할 것이다. 실패는 당신의 성장을 위한 유일한 용광로이며, 당신의 이름을 전설로 만드는 유일한 기회다.

이제 당신은 모든 무기를 손에 쥐었다. 더 이상 실수를 두려워하는 필멸의 존재가 아니다. 문제 해결이라는 귀한 재료를 통해 흔들리지 않는 충성을 만들어내는 관계의 창조자다.

AI가 아무리 정교하게 고객 심리를 분석하고 예측한다 한들, 인간 고유의 감정과 공감 능력, 그리고 위기 속에서 발휘되는 진정한 리더십은 오직 당신만이 가질 수 있는 독보적인 영역이다.

고객의 불만은 당신의 관계를 더욱 굳건히 할 가장 단단하고 귀한 벽돌이다. 작은 파도에도 허우적거리는 평범함에 머물지 마라. 모든 불만과 혼돈을 성장의 자양분으로 삼아 리더십을 발휘하며 군림하는 진정한 마스터가 되어라.

AI의 냉철한 분석은 당신의 눈이 되어주고, 인간 본성을 꿰뚫는 심리학적 통찰은 당신의 강력한 무기가 되어줄 것이다. 이 모든 것을 결합하여, 고객의 불만을 황금으로 만드는 연금술사가 되어라. 당신은 AX 시대의 주인공이며, 고객의 마음을 설계할 궁극의 리더다.

지난 10년 동안 서비스 현장과 강의실을 오가며 수많은 사람들과 만나며 소통해 왔습니다. 관리자이자 강사로서 직접 보고 듣고 배운 생생한 경험들은, 고객 서비스가 단순한 친절이나 응대를 넘어 훨씬 깊은 의미를 지니고 있다는 확신으로 이어졌습니다.

이 책은 바로 그 깨달음에서 출발했습니다. 기존의 진부한 기본 서비스 개념을 넘어, AI가 대체하기 어려운 인간만의 심리 설계 언어를 통해 고객의 본능과 마음을 움직이는 기술을 담고자 했습니다. 직접적이면서도 따뜻한 위로와 설득, 그리고 현장에서 즉시 활용할 수 있는 실전 노하우까지 모두 녹였습니다.

주요 독자는 서비스업 종사자, 마케터, 스타트업 창업자일 수 있습니다. 그러나 이 책은 특정 직군만을 위한 내용이 아닙니다. 아이를 가르치는 교사, 환자를 돌보는 간호사, 이웃과 관계를 만들어가는 모든 사람에게도 필요한 대화의 설계도이기 때문입니다. 고객 서비스라는 행위가 단지 업무나 영업이 아니라, 일상 속에서 사람과 관계를 맺고 소통하는 과정임을 떠올려 본다면 이 책의 가치는 더욱 확장됩니다.

AI 시대가 도래하면서 고객의 반응과 행동은 더욱 복잡해지고 있습니다. 이제 단순한 친절과 미소만으로는 고객의 마음을 움직일 수 없습니다. 이 책은 변화하는 시대에 맞춰 인간의 내면과 심리를 깊이 이해하고, 그 안에서 비롯되는 본능적 반응을 기반으로 심리를 설계하는 언어와 심리적 무기를 제시합니다. AI가 따라올 수 없는 진짜 인간만의 힘을 키우는 길잡이가 되길 바랍니다.

이제 여러분은 단순한 서비스 제공자가 아닙니다. 고객의 마음을 설계하고, 관계를 주도하며, 변화와 위기 속에서 진정한 신뢰를 만들어내는 심리적 설계자입니다. 이 책이 여러분의 현장과 일상에서 새로운 시작점이자 강력한 동력이 되기를 진심으로 바랍니다.

함께 성장하고, 함께 도전하며, 궁극적으로 더 깊고 진정성 있는 고객 신뢰와 충성을 구축해 나갈 여러분의 여정을 응원합니다.

감사합니다.

저자 김지수 드림